兩岸藍海策略論壇

—— 運送人責任

彭銘淵著

文史哲學集成

文史哲出版社印行

國家圖書館出版品預行編目資料

兩岸藍海策略論壇 ── 運送人責任/彭銘淵
著. -- 初版--臺北市：文史哲, 民 101.01
頁;公分（文史哲學集成；613）
參考書目：頁
ISBN 978-986-314-005-4（平裝）

580.3   100026313

文史哲學集成　　613

兩岸藍海策略論壇
── 運送人責任

著　　者：彭　　銘　　淵
出 版 者：文 史 哲 出 版 社
http://www.lapen.com.tw
e-mail：lapen@ms74.hinet.net
登記證字號：行政院新聞局版臺業字五三三七號
發 行 人：彭　　正　　雄
發 行 所：文 史 哲 出 版 社
印 刷 者：文 史 哲 出 版 社
臺北市羅斯福路一段七十二巷四號
郵政劃撥帳號：一六一八○一七五
電話886-2-23511028・傳真886-2-23965656

實價新臺幣一八○元

中華民國一百年（2011）十月初版
中華民國一百零一年（2012）一月修訂再版

兩岸藍海策略論壇
— 運送人責任

目　　次

題　要

　　國際海上貨物運送人之責任規範，在 2008 年之前，主要由「1924 年海牙規則」、「1968 年海牙 ── 威士比規則」和「1978 年漢堡規則」三個海上貨物運送國際公約進行。在經歷數十年之實踐下，由於上述三個海上貨物運送國際公約的併存，加上各個國家制定的國內法也不盡相同，導致國際海上貨物運送人責任之法律規定不一致，常造成運送人、託運人、貨主三方對於貨物毀損、滅失、遲延責任歸屬之爭執。1996 年，「聯合國國際貿易法委員會」委託「國際海事委員會（CMI）」以及其他組織收集有關海上貨物運送領域現行慣例和法律方面的資料，爲建立統一國際海上貨物運送人之責任做準備。2008 年 12 月 11 日在聯合國大會上通過了「全程或者部分海上國際貨物運送契約公約」（也稱爲「聯合國統一運送法公約」，「聯合國運送法公約」），簡稱「鹿特丹規則」（The Rotterdam Rules）。「鹿特丹規則」之通過，象徵著國際海上貨物運送人之責任將趨於一致。因此，對於現時在國際海上貨物運送人之責任，實有必要進行深入瞭解，尤其是「鹿特丹規則」。本研究即針對上述四個海上貨物運送國際公約中運送人責任制度進行探討與比較，從而釐

清各個海上貨物運送國際公約中運送人之責任，且更進一步針對我國現行海商法中運送人責任規定進行剖析，尋求未來修法之因應與可行性。

關鍵字：國際海上貨物運送公約、運送人、運送人責任

壹、前　　言

　　「2008 年鹿特丹規則」制定前，國際上已存在「1924年海牙規則」、「1968 年威士比規則」和「1978 年漢堡規則」三個海運國際公約。「海牙規則」是最早的海運國際公約，二十世紀三十年代建立了國際海上貨物運送法統一的局面。「威士比規則」內容比較傾向於運送人之利益，且加入國家最多。「漢堡規則」雖然很多條款偏向於貨主，但參加的國家數量有限，大部分是一些發展中國家，真正的航運大國、貿易大國都沒有加入。此外，還有一些國家，包括中國、美國及北歐一些國家沒有加入公約，但是根據公約制定了自己的國內法。

　　儘管「漢堡規則」代表了國際社會重新平衡船貨雙方利益的立法趨勢，並於 1992 年生效，然因只有少數國家加入，其統一國際海運立法的期望非但沒有實現，反而在已有的「海牙規則」、「威士比規則」之外，又增加了一個並行的國際公約。三個公約併存再加上各個國家制定的國內法也不盡相同，進一步加劇了國際海運法律的不一致性。而這種法律的不一致性，阻礙了國際間貨物的自由流動，直接增加了國際貿易的交易成本。因此亟需對全球海運立法進行統一。

　　此外，隨著電子商務的發展，海上運輸越來越多地採用電子單證，這是導致新公約誕生的最直接原因。還有一個間接原因，就是海上貨物運送形式發生了很大變化。過去海上運送和陸上運輸是分段進行，隨著多式聯運的發展，「門至門」運輸越來越普遍，這也是整個貨物運輸發展的趨勢。現行的規則中，「海牙規則」、「威士比規則」是「鉤至鉤」、「舷至舷」（在船舷交貨，另外一方在船舷提貨），「漢堡規則」是「港至港」，並未考慮「門至門」的實際情況。

　　「鹿特丹規則」是一個現代的、統一的包含海上國際貨物運送，但不僅限於港口到港口的貨物運輸的國際貨物運送公約，對於運送人責任之規範也有重大的變革。對於運送人責任之期間、最低限度責任、賠償限制金額、免除責任條款等，均與「海牙規則」、「威士比規則」和「漢堡規則」有所不同。

　　本文分柒大單元，除壹、前言及柒、結論外，分別就「海牙規則」、「威士比規則」、「漢堡規則」、「鹿特丹規則」及我國「海商法」所規範之運送人責任分別探討，進而進行比較，最後尋求未來我國海商法修法之方向與可行性。

貳、國際海上貨物運送公約 之制定背景

一、1924 年海牙規則

「海牙規則」（Hague Rules）是「統一載貨證券若干法律規定國際公約」（international Convention for the Unification of Certain Rules of Law Relating to Bills of Lading）的簡稱。

「海牙規則」於 1924 年 8 月 25 日在比利時首都布魯塞爾由 26 個國家代表出席的「外交會議」上簽署，1931 年 6 月 2 日起生效，截至 1997 年 2 月，加入該規則的國家和地區共有 88 個。

載貨證券之使用在海上運輸中由來已久。早期的載貨證券，無論是內容或是格式，都比較簡單，而且其作用也較爲單純，除僅作爲貨物的交付憑證外，亦僅表明貨物已經裝船的初步證據。但隨著國際貿易和海上貨物運輸的逐步發展與興盛，載貨證券的性質、作用和內容，特別是載貨證券的背面條款規定均發生了巨大變化。

在載貨證券產生初期，即自貨物以託運形式出現後，經

歷很長一段的時期，在海上航運最爲發達的英國，對於運送人責任規定，主要有二種不同規範：

其一，從事載貨證券運送的運送人，即英國習慣上視爲「公共運送人」（Common Carrier）必須按照英國普通法（Common law）對所運送的貨物必須負絕對責任，即負有在目的港將貨物以裝貨港收到貨物時的相同狀態交給受貨人的義務，對所運貨物的滅失或損壞，除因天災（Act of God）、敵對行爲（Queens Enemies）、貨物的潛在瑕疵、託運人的過失行爲所造成，或屬於共同海損損失之外，不論運送人本人、船長、船員或其他受僱人、代理人之有無過失，運送人均應負賠償責任。

其二，英國法律對私法契約卻採取「契約自由」原則，因此，運送人爲了逃避普通法上的法律責任，紛紛在載貨證券上列入對貨物滅失或毀損之免責條款，強加給貨主的各種不公平的條件和不應承擔的風險越來越多。

這種免責條款從 18 世紀開始出現，到 19 世紀中期的後半段，便衍生到不可收拾的地步。有的載貨證券上的免責事項甚至多達六、七十項，以至於運送人只有收取運費的權利，無任何責任可言。

運送人濫用契約自由，無限擴大免責範圍的作法，使得當時的國際貿易和運輸秩序陷入極度的混亂，其結果不但使貨主正當合法權益失去了基本保障，而且還出現了保險公司不敢承保，銀行不肯匯兌，載貨證券在市場上難以轉讓流通的不良局面。這不僅損壞了貨主、保險商和銀行的利益，而

且也嚴重阻礙了航運業自身的發展。

在以英國為代表的船東國，同時也是載貨證券上濫用免責條款的時期，致使以美國為代表的貨主國利益受到了極大的損害。為了保護本國商人的利益，美國於 1893 年制定了著名的「哈特法案」（Harter Act； Act of February 13, 1893, Chap.105, 27 Stat. 445-46, 46 U.S. Code Appendix 190-196），即「關於船舶航行、載貨證券以及財產運送有關的某些義務、職責和權利的法案」。

該法案規定，在美國國內港口之間，以及美國港口與外國港口之間進行貨物運送的運送人，不得在載貨證券上加入基於自己的過失所造成貨物滅失或毀損而不負責任的條款；同時還規定運送人應謹慎處理使船舶適航，船長、船員對貨物應謹慎裝載、管理和交付。該法案同時規定，凡違反這些規定的載貨證券條款，將以違反美國「公共秩序」為由宣告無效。

「哈特法案」的產生，對以後的國際航運立法產生了巨大的影響。澳大利亞於 1904 年制定了「海上貨物運送法」；紐西蘭於 1908 年制定了「航運及海員法」；加拿大於 1910 年制定了「水上貨物運送法」。這些立法都援用了「哈特法案」中所採取的一些基本原則，並依照「哈特法案」的相關規定，對載貨證券內容進行了規範。

但是，少數國家的努力無法有效解決運送人濫用免責條款的問題。而且各國立法不一，各航運公司制定的載貨證券條款規定也不相同，阻礙到海上貨物運送契約的簽訂，不利於國際貿易的發展。國際海上貨物運送決不可能以某一國的

法律進行處理，因此，制定統一的國際海上貨物運送公約來規範載貨證券已勢在必行。

第一次世界大戰的爆發，雖然延滯了制定國際統一載貨證券規則的程序，但同時又給制定國際統一載貨證券規則帶來了契機。戰後由於全球性的經濟危機，貨主、銀行、保險界與船東的衝突更加激烈。

在這種情況下，以往對於限制契約自由，修正不合理免責條款問題一直不感興趣的英國，為了和其殖民地在經濟上、政治上採取妥協態度，也主動與其他航運國家和組織，共同尋求對上述問題的有效解決方法，並也主張制定國際公約，藉以維護英國航運業的競爭能力，保持英國的世界航運大國的地位。

為此，「國際法協會」（International Law Association）所屬「海洋法委員會」（Maritime law Committee）於 1921 年 5 月 17 日至 20 日在荷蘭首都海牙召開會議，制定了一項統一載貨證券規則草案，初步被定名為「海牙規則」，供契約當事人自願採納。

同時，以此草案為基礎，在 1922 年 10 月 9 日至 11 日在英國倫敦召開會議，對海牙規則進行若干修訂，同年 10 月 17 日至 26 日，於比利時布魯塞爾舉行的討論海事法律的外交會議（Diplomatic Conference on Maritime Law）上，與會代表作出決議，建議各國政府接受海牙規則，並在稍作修改後使之形成內國法化。

1923 年 10 月，又在布魯塞爾召開「海商法國際會議」

（International conference of maritime law），由海商法國際會議指派委員會對海牙規則繼續作了一些修訂，最終完成海牙規則的制定工作。

　　隨後，1923 年 11 月英國「帝國經濟會議」通過決議，一方面建議各成員國政府和議會繼續接受修訂後海牙規則使之內國法化；另一方面率先透過國內立法方式，使之內國法化，由此而產生了「1924 年英國海上貨物運送法」（Carriage of Goods by Sea Act 1924-COGSA）。該法律在 1924 年 8 月獲英皇批准。1924 年 8 月 25 日，各國政府的代表也在布魯塞爾通過了簡稱「海牙規則」的「1924 年統一載貨證券若干法律規定國際公約」。

　　「海牙規則」於 1931 年 6 月 2 日正式生效。歐美許多國家都加入公約。有的國家仿效英國的作法，透過國內立法使之內國法化；有的國家根據公約的基本精神，另行制定相似的國內法；還有些國家雖然沒有加入公約，但他們的一些航運公司的載貨證券條款也援用了公約的規定。

　　所以，海牙規則是海上貨物運送中有關載貨證券的最重要且目前仍普遍被援用的國際公約。台灣雖然沒有加入該公約，但卻把它作為制定「海商法」的重要法源依據；我國不少航運公司的載貨證券條款也援用了公約的規定。所以，「海牙規則」堪稱現今海上貨物運送方面最重要的國際公約[1]

---

1 援用自「MBA 智庫百科」；網址：
　http://wiki.mbalib.com/zh-tw/%E6%B5%B7%E7%89%99%E8%A7%84%
　E5%88%99

二、1968 年威士比規則

　　「威士比規則」是「修訂統一載貨證券若干法律規定國際公約之議定書」（Protocol to Amend the International Convention for the Unification of Certain Rules of Law Relating to Bills of lading）的簡稱。

　　「海牙規則」自 1931 年生效實施後，獲得國際航運界普遍接受，它的法律地位在於，促使國際海上貨物運送有共同法律規定可為依循，統一了海上貨物運送中的載貨證券條款，對載貨證券的統一性規範產生相當的效果，化解了當時運送人和託運人之間的衝突，促進了國際貿易和海上運送事業的發展。

　　但隨著國際政治、經濟形勢的變化，以及航海、造船技術日新月異的進步，使海上運送方式發生了重大變革，特別是「貨櫃運送」方式的出現和迅速發展，「海牙規則」的規定已不符合新航運情勢發展的需要。尤其部份運送人仍然大量使用免責條款，明顯偏袒運送人之利益，且通貨膨脹的現實，使 100 英鎊的賠償限額明顯過低等原因，到了 50 年代末期，要求修訂「海牙規則」的呼聲日漸強烈。

　　基於上述情勢發展，「國際海事委員會」（Committee Maritime International-CMI）於 1959 年在南斯拉夫的里吉卡舉行第二十四屆大會，會上決議成立小組委員會

（Sub-committee）負責修訂「海牙規則」部分條文規定。

　　根據各國代表對修訂「海牙規則」的建議，1963 年小組委員會草擬了修訂「海牙規則」的議定書草案，提交於 1967 年、1968 年召開的「海事法會議」審議，經會議代表審議通過後，於 1968 年 2 月在比利時的布魯塞爾召開，由 53 個國家或地區代表參加的第十二屆「海洋法外交會議」（Diplomatic Conference of the law of the sea）上通過，命名為「修訂統一載貨證券若干法律規定國際公約之議定書」，並簡稱為 "1968 年布魯塞爾議定書"（The 1968 Brussels Protocol）。

　　由於該議定書草案在斯德哥爾摩討論期間，參加會議的成員曾經前往哥特蘭島的威士比城，為借用中世紀「威士比海法」之名聲，故將該議定書稱為「威士比規則」（Visby Rules）。經過此議定書所修訂的「海牙規則」，被稱為「海牙-威士比規則」（Hague-Visby Rules）。該議定書於 1977 年 6 月 23 日生效[2]。海牙規則的最後一次修正為 1979 年的特別提款權議定書（SDR Protocol）[3]。

---

2 同上註。網址：
　http://wiki.mbalib.com/zh-tw/%E7%BB%B4%E6%96%AF%E6%AF%94
　%E8%A7%84%E5%88%99
3 援用自「維基百科」；網址：
　http://zh.wikipedia.org/zh/%E6%B5%B7%E7%89%99%E5%A8%81%E5
　%A3%AB%E6%AF%94%E8%A6%8F%E5%89%87#.E9.81.8B.E9.80.81.
　E4.BA.BA.E8.B2.AC.E4.BB.BB

三、1978 年漢堡規則

「漢堡規則」（Hamburg Rules）是「1978 年聯合國海上貨物運送公約」（United Nations Convention on the Carriage of Goods by Sea，1978）的簡稱。

1978 年 3 月 6 日至 31 日聯合國在德國城市漢堡市舉行並主持，由 78 國代表參加的「海上貨物運送大會」討論通過，於 1992 年 11 月 1 日生效。

截至 1996 年 10 月，共有成員國 25 個，其中絕大數爲發展中國家，占全球外貿船舶噸位數 90％的國家都未批准加入該規則。

「海牙規則」是本世紀 20 年代初期制訂，曾發揮它應有的作用，但隨著國際貿易和海運的發展，要求修訂海牙規則的呼聲不斷被提出，因此對其進行修訂已在所難免。但是如何進行修訂，二種派別之主張導致了二種不同的修訂結果。

一派係以英國、北歐等海運發達國家的船方利益爲代表，由「國際海事委員會」負責起草修訂，最終促使「威士比規則」之制訂。「威士比規則」對於「海牙規則」的一些修訂內容，對維持以「海牙規則」基礎上的船貨雙方利益達到相當的效果。

另一派主要係來自於廣大的發展中國家，代表了貨主的利益，提出徹底修訂「海牙規則」的要求，且呼聲日益高漲，

促使「聯合國貿易發展會議」（United Nations Conference on Trade and Development-UNCTAD）的「航運委員會」於 1969 年 4 月在第三屆會議上設立了「國際航運立法工作組」（Legislative Work Group of International Shipping），研究載貨證券的相關法律問題。

1971 年 2 月「國際航運立法工作組」召開第二次會議，會議上作出兩項決議：

第一，對「海牙規則」和「威士比規則」進行修訂，必要時制定新的國際公約；

第二，在審議修訂上述規則時，應釐清規則中涵義不明確之處，建立船貨雙方平等分擔海運貨物風險的制度。

後來，此項制定新公約之工作移交給「聯合國國際貿易法委員會」（United Nations Commission on International Trade Law -UNCITRAL）。該委員會下設「國際航運立法工作組」，於 1976 年 5 月完成立法草案內容，並於 1978 年 3 月 6 日至 31 日在德國漢堡召開聯合國海上貨物運送公約外交會議審議討論，有 78 個國家代表參加，最後通過了「1978 年聯合國海上貨物運送公約」。由於這次會議是在漢堡召開，所以這個公約又被稱爲「漢堡規則」。

根據「漢堡規則」第三十條第 1 項生效條件規定，「本公約自第二十份批准書、接受書、認可書或加入書交存之日起，滿一年後的次月第一日生效。」[4]，「漢堡規則」自 1978

---

4 原文爲：Article 30 Entry into force
　1.This Convention enters into force on the first day of the month following

年 3 月 31 日獲得通過，直至埃及遞交了批准書後符合生效條件，於 1992 年 11 月 1 日起正式生效[5]。

四、2008 年鹿特丹規則

「漢堡規則」係由「聯合國貿易與發展會議」（United Nations Conference on Trade and Development-UNCTAD）之主導，並請求「聯合國國際貿易法委員會」（United Nations Commission on International Trade Law-UNCITRAL）協助起草[6]，「國際海事委員會」（CMI）對於傳統海事法之一些重要觀點之建議未被採納，致使「漢堡規則」無法獲得 CMI 及傳統航運大國之認同與支持[7]。

「聯合國國際貿易法委員會」有鑒於此，1996 年開始考慮草擬一份新的「海上國際貨物運送契約公約」時，即尋求「國際海事委員會」之協助。「聯合國國際貿易法委員會」尋求協助之國際機構除「國際海事委員會」外，尚有國際商

---

the expiration of one year from the date of deposit of the twentieth instrument of ratification, acceptance, approval or accession.
2.……

5 同註一。網址：
http://wiki.mbalib.com/zh-tw/%E6%B1%89%E5%A0%A1%E8%A7%84%E5%88%99

6 W. E. Astle, The Hamburg Rules, Fairplay Publications Ltd., London, 1981, pp. xi-xii.

7 參見 Comite Maritime International,Draft Convention on Contracts for the International Carriage of Goods Wholly or Partly by Sea

會（International Chamber of Commerce -ICC）、國際海上保險聯盟（International Union of Marine Insurance -IUMI）、國際承攬運送人協會聯盟（International Federation of Freight Forwarders Associations-FIATA）、國際海運商會（International Chamber of Shipping-ICS），及國際港口協會（International Association of Ports and Harbours）等，但由於「國際海事委員會」是布魯塞爾海事公約之主要推動與起草者，因此僅有「國際海事委員會」予以積極回應，並與「聯合國國際貿易法委員會」密切合作。

「國際海事委員會」於 1998 年 5 月設立「運輸法國際工作小組」（International Working Group on Issues of Transport Law），並於 1999 年開始將相關議題交予「國際海事委員會」之「海上貨物運送法律統一國際次級委員會」（CMI International Sub Committee on the Uniformity of the Law of the Carriage of Goods by Sea）進行討論。

2000 年「國際海事委員會」並與「聯合國國際貿易法委員會」共同舉辦研討會（UNCITRAL/CMI Colloquium），討論未來的國際法律規範是否要由海上運輸延伸至其他方式之運輸，此項延伸於「國際海事委員會」2001 年 2 月新加坡會議中得到確認，為了因應「門對門」的貨櫃運輸從而建立一項「責任性網路系統」（a "network" system of liability）。新加坡會議並要求未來的國際法律規範應符合國際社會電子

商務（electronic commerce）之需求[8]。

　　「國際海事委員會」歷經三年半緊密的預備工作，至2001年12月11日將其完成的「運送法草案」文件送交「聯合國國際貿易法委員會祕書處」。

　　「聯合國國際貿易法委員會」第三工作組-運輸法（Working Group III-Transport Law）自2002年起以「國際海事委員會」送交之「運送法草案」（CMI Draft Instrument on Transport Law）為基礎，繼續研擬新公約工作，終於在2008年7月3日「聯合國國際貿易法委員會」第887次會議無異議通過「全程或部分海上國際貨物運送契約公約草案」，送交聯合國大會審議[9]。

　　「國際海事委員會」之「運送法草案」（CMI Draft Instrument on Transport Law）明顯構成了現今2008年新國際公約「鹿特丹規則」之重要架構。

　　由於「國際海事委員會」對新公約的積極參與推動，並對最後通過之新公約條文規定內容予以肯定，致使國際社會

---

8 參見 The resolution of 37th International Conference of Comite Maritime International on the issues of transport law:「Requests the International Sub Committee to-undertake furter work on the basis of the darft of the instrument(CMI Yearbook 2000-Singapore I,p.122)and the conclusions of the Conference,and particularly to-complete the Outline Instrument to include provisions able to facilitate the needs of electronic commerce,and to cover the possibility that it should apply also to other froms of carriage associated with the carriage by sea（"door to door transport"）」, …

9 參見 Report of the United Nations Commission on International Trade Law,Forty-first session（16 June-3 July 2008）, General Assembly Official Records,Sixty-third session Supplement No. 17,pp. 56-57.

傳統航運大國極有可能於未來接受 2008 年新的國際公約，形成國際社會「門對門海上貨物運送」新的法律規範[10]。

因此，聯合國 2008 年「全程或部分海上國際貨物運送契約公約」（United Nations Convention on Contracts for the International Carriage of Goods Wholly or Partly by Sea）非常值得我國持續予以密切關注與研究。

「鹿特丹規則」於 2009 年 9 月 23 日於荷蘭鹿特丹開放簽字，雖有部份歐盟國家及加拿大之公開杯葛，但在簽字儀式上已有剛果、丹麥、法國、加彭、迦納、希臘、幾內亞、荷蘭、奈及利亞、挪威、波蘭、塞內加爾、西班牙、瑞士、多哥及美國等 16 國簽字，此後於紐約聯合國總部簽字的又有亞美尼亞、喀麥隆、馬達加斯加及尼日共和國等 4 個國家，已滿足公約要求之簽滿 20 個國家數。

以上 20 個國家中，除含有發展中國家、已開發國家，尚包括國際主要貿易國及海運大國，代表著百分之 25 以上之國際貿易量，而公約尚須待簽字國經立法機關批准後之批准文件送達，始於次年之第一個月宣佈生效[11]。

10　同註七。
11　參見「the United Nations 2008 International Merchandise Trade Statistics Yearbook.」

參、國際海上貨物運送公約
之運送人責任規定

一、1924 年海牙規則

（一）運送人運送貨物的責任期間。

　　所謂運送人的責任期間，是指運送人對貨物運送負責的期限。按照「海牙規則」第一條「貨物運送」的定義，貨物運送的期間為從貨物裝載上船至卸載下船為止的期間[12]。

　　所謂「裝載上船起至卸載下船止」可分為兩種情況：一是在使用船上吊桿裝卸，裝貨時貨物掛上船舶吊桿的吊鉤時起至卸貨時貨物脫離吊鉤時為止，即「鉤至鉤」（tackle to tackle）期間。二是使用岸上起重機裝卸，則以貨物越過船舷為界，即「舷至舷」（board to board）期間運送人應對貨物

---

12 Article 1 In this Convention the following words are employed with the meanings set out below:
（a）……
（e）"Carriage of goods" covers the period from the time when the goods are loaded on to the time they are discharged from the ship.

之毀損、滅失負責。

　　至於貨物裝船以前，即運送人在碼頭倉庫接管貨物至裝載上船這一段期間，以及貨物卸載下船後到向受貨人交付貨物這一段時間，按「海牙規則」第七條規定[13]，可由運送人與託運人就運送人在上述兩段發生的貨物滅失或損壞所應承擔的責任和義務訂立任何協議、規定、條件、保留或免責條款。

（二）運送人最低限度的義務

　　所謂運送人最低限度義務，就是運送人必須履行的基本義務。依「海牙規則」第二條之規定[14]，除遵照第六條規定[15]

13　Article 7 Nothing herein contained shall prevent a carrier or a shipper from entering into any agreement, stipulation, condition, reservation or exemption as to the responsibility and liability of the carrier or the ship for the loss or damage to, or in connexion with, the custody and care and handling of goods prior to the loading on, and subsequent to, the discharge from the ship on which the goods are carried by sea.

14　Article 2 Subject to the provisions of Article 6, under every contract of carriage of goods by sea the carrier, in relation to the loading, handling, stowage, carriage, custody, care and discharge of such goods, shall be subject to the responsibilities and liabilities, and entitled to the rights and immunities hereinafter set forth.

15　海牙規則第六條規定：「雖有前述各條規定，只要不違反公共秩序，承運人、船長或承運人的代理人得與托運人就承運人對任何特定貨物應負的責任和應盡的義務，及其所享受的權利與豁免，或船舶適航的責任等，以任何條件，自由地訂立任何協議。或就承運人雇傭人員或代理人在海運貨物的裝載、搬運、配載、運送、保管、照料和卸載方面應注意及謹慎的事項，自由訂立任何協議。但在這種情況下，必須是未曾簽發或將不簽發提單，而且應將上述協議的條款載入不得轉讓並注明這種字樣的收據內。這樣訂立的任何協議，都具有完全的法律效力。但本條規定不適用於依照普通貿易程式成交的一般商業貨運，而僅在擬裝運的財物的性質和狀況，或據以進行運輸的環境、條款和

外，每個海上貨物運送契約的運送人，對有關貨物的裝載、搬運、配載、運送、保管、照料和卸載，都應按照下列規定承擔責任和義務，並享受權利和豁免。

復依據「海牙規則」第三條第一款規定[16]：運送人必須在開航前和開航當時，謹慎處理，使航船處於適航狀態，妥善配備合格船員，裝備船舶和配備供應品；使貨艙、冷藏艙和該船其他載貨處所能適當而安全地接受、載運和保管貨物。

同條第二款規定[17]：運送人應妥善地和謹慎地裝載、操

條件，有訂立特別協定的合理需要時，才能適用。」

Article 6 Notwithstanding the provisions of the preceding Articles, a carrier, master or agent of the carrier and a shipper shall in regard to any particular goods be at liberty to enter into any agreement in any terms as to the responsibility and liability of the carrier for such goods, and as to the rights and immunities of the carrier in respect of such goods, or his obligation as to seaworthiness, so far as this stipulation is not contrary to public policy, or the care or diligence of his servants or agents in regard to the loading, handling, stowage, carriage, custody, care and discharge of the goods carried by sea, provided that in this case no bill of lading has been or shall be issued and that the terms agreed shall be embodied in a receipt which shall be a non-negotiable document and shall be marked as such.

Any agreement so entered into shall have full legal effect.

Provided that this Article shall not apply to ordinary commercial shipments made in the ordinary course of trade, but only to other shipments where the character or condition of the property to be carried or the circumstances, terms and conditions under which the carriage is to be performed are such as reasonably to justify a special agreement.

16 The carrier shall be bound before and at the beginning of the voyage to exercise due diligence to:

（a）Make the ship seaworthy.

（b）Properly man, equip and supply the ship.

（c）Make the holds, refrigerating and cool chambers, and all other parts of the ship in which goods are carried, fit and safe for their reception, carriage and preservation.

17 Subject to the provisions of Article 4, the carrier shall properly and

作、堆存、運送、保管、照料與卸載。"即提供適航船舶，
妥善管理貨物，否則將承擔賠償責任。

（三）運送人的賠償責任限額

運送人的賠償責任限額是指對運送人不能免責的原因造
成的貨物滅失或毀損，藉由規定單位最高賠償額的方式，將
其賠償責任（即賠償金額）限制在一定的數額範圍內。

此一制度實際上是對運送人造成貨物滅失或損害的賠償
金額作部分的免除，充分表現了對運送人利益的維護。

「海牙規則」第四條第五款規定[18]：不論運送人或船舶，
在任何情況下，對貨物或與貨物有關的滅失或毀損，每件或
每單位超過 100 英鎊或與其等值的其他貨幣時，在任何情況
下都不須負責；但託運人於裝貨前已就該項貨物的性質和價
值提出聲明，並已在載貨證券中註明的，不在此限。因此，

---

carefully load, handle, stow, carry, keep, care for, and discharge the
goods carried.

18 Neither the carrier nor the ship shall in any event be or become liable for
any loss or damage to or in connexion with goods in an amount
exceeding 100 pounds sterling per package or unit, or the equivalent of
that sum in other currency unless the nature and value of such goods have
been declared by the shipper before shipment and inserted in the bill of
lading.

This declaration if embodied in the bill of lading shall be prima facie
evidence, but shall not be binding or conclusive on the carrier.

By agreement between the carrier, master or agent of the carrier and the
shipper another maximum amount than that mentioned in this paragraph
may be fixed, provided that such maximum shall not be less than the
figure above named.

Neither the carrier nor the ship shall be responsible in any event for loss
or damage to, or in connexion with, goods if the nature or value thereof
has been knowingly misstated by the shipper in the bill of lading.

運送人單位最高賠償額爲 100 英鎊，而按照該規則第九條的
規定應爲 100 金英鎊。

（四）運送人的免責事由

依據「海牙規則」第四條第一項規定[19]，對於運送人免
責事由作出概括規定，即不論運送人或船舶，對於因不適航
所引起的滅失或毀損，均不負責，除非造成的原因是由於運
送人未按第三條第一項規定，善盡職責，使船舶適航，保證
適當地配備船員、裝備和供應該船，以及使貨艙、冷藏艙和
該船的其它裝貨處所能適宜並安全地收受、運送和保管貨
物。凡由於船舶不適航所引起的滅失和損害，對於已善盡職
責的舉證責任，應由根據本條規定要求免責的運送人或其他
人負責。

但在同條第二項規定[20]中對於運送人的免責事由作了十

---

19 Neither the carrier nor the ship shall be liable for loss or damage arising
or resulting from unseaworthiness unless caused by want of due diligence
on the part of the carrier to make the ship seaworthy and to secure that
the ship is properly manned, equipped and supplied, and to make the
holds, refrigerating and cool chambers and all other parts of the ship in
which goods are carried fit and safe for their reception, carriage and
preservation in accordance with the provisions of paragraph 1 of Article
3. Whenever loss or damage has resulted from unseaworthiness the
burden of proving the exercise of due diligence shall be on the carrier or
other person claiming exemption under this Article.

20 Neither the carrier nor the ship shall be responsible for loss or damage
arising or resulting from:
（a）Act, neglect, or default of the master, mariner, pilot, or the servants
of the carrier in the navigation or in the management of the ship.
（b）Fire, unless caused by the actual fault or privity of the carrier.
（c）Perils, dangers and accidents of the sea or other navigable waters.

七款列舉規定，分別為：

(a) 船長、船員、引水員或運送人的僱用人員，在航行或管理船舶中的行為、過失或不履行義務。

(b) 火災，但由於運送人的故意或過失所引起的除外。

(c) 海上或其它可航水域的災難、危險和意外事故。

(d) 天災。

(e) 戰爭行為。

(f) 敵對行為。

(d) Act of God.

(e) Act of war.

(f) Act of public enemies.

(g) Arrest or restraint or princes, rulers or people, or seizure under legal process.

(h) Quarantine restrictions.

(i) Act or omission of the shipper or owner of the goods, his agent or representative.

(j) Strikes or lockouts or stoppage or restraint of labour from whatever cause, whether partial or general.

(k) Riots and civil commotions.

(l) Saving or attempting to save life or property at sea.

(m) Wastage in bulk or weight or any other loss or damage arising from inherent defect, quality or vice of the goods.

(n) Insufficiency of packing.

(o) Insufficiency or inadequacy of marks.

(p) Latent defects not discoverable by due diligence.

(q) Any other cause arising without the actual fault or privity of the carrier, or without the actual fault or neglect of the agents or servants of the carrier, but the burden of proof shall be on the person claiming the benefit of this exception to show that neither the actual fault or privity of the carrier nor the fault or neglect of the agents or servants of the carrier contributed to the loss or damage.

（g）　君主、當權者或人民的扣留或管制，或依法扣押。

（h）　檢疫限制。

（i）　託運人或貨主、及其代理人或代表的行為或不行為。

（j）　不論由於任何原因所引起的局部或全面罷工、關廠停止或限制工作。

（k）　暴動和騷亂。

（l）　救助或企圖救助海上人命或財產。

（m）　由於貨物的固有缺點、性質或缺陷引起的體積或重量減少，或任何其它滅失或損壞。

（n）　包裝不固。

（o）　標誌不清或不當。

（p）　雖善盡職責亦不能發現的潛在性瑕疵。

（q）　非由於運送人的故意或過失，或者運送人的代理人，或僱用人員的故意或過失所引起的其它任何原因；但是要求援用這條免責利益的人應負責舉證，證明有關的滅失或毀損既非由於運送人的故意或過失，亦非運送人的代理人或僱用人員的故意或過失所造成。

　　總括而言，可概分為兩類：一類是過失免責、另一類是無過失免責。

　　過失免責條款主要為「海牙規則」第四條第二項第一款之規定：「由於船長、船員、引水人或運送人的僱用人在航

行或管理船舶中的行為、疏忽或過失所引起的貨物滅失或毀損，運送人可以免除賠償責任。」這種過失免責條款引起極大爭議，也是其他運輸方式責任制度中所沒有的。很明顯，「海牙規則」比較偏袒船方的利益。

另一類是運送人無過失免責，主要有以下幾種：

1.不可抗力或運送人無法控制的免責有八項：海上或其他可航水域的災難、危險或意外事故；天災；戰爭行為；敵對行為；君主、當權者或人民的扣留或拘禁，或依法扣押；檢疫限制；不論由於任何原因所引起的局部或全面罷工、關廠、停工或勞動力受到限制；暴力和騷亂。

2.貨主的行為或過失免責有四項：貨物託運人或貨主、其代理人或代表的行為；由於貨物的固有缺點、品質或缺陷所造成的容積或重量的減少，或任何其他滅失或毀損；包裝不固；標誌不清或不當。

3.特殊免責條款有三項：一是火災，即使是運送人和僱用人的過失，運送人也不負責，只有運送人本人的故意或過失所造成者才不能免責；二是在海上救助人命或財產，這一點是對船舶的特殊要求；三是謹慎處理，善盡職責所不能發現的潛在性瑕疵。

4.運送人免責條款的第十六款規定：「不是由於運送人的故意或過失，或是運送人的代理人或僱用人的故意或過失所引起的其他任何原因。」，這是一項概括性條款，不像前述十六項列舉具體，而是對其他原因造成之一般概括性規定。

所謂「沒有故意和過失」不僅指運送人本人，而且也包

括運送人的代理人或僱用人沒有故意和過失。援引此一條款要求享有此項免責利益的人應當負舉證義務，即要求證明貨物的滅失或毀損既非由於自己的故意或過失，也非他的代理人或受僱人的故意或過失所導致。

其他有關運送人之免責事由，分別規定在同條第三至六項中，分別為：

第三項規定，對於任何非因託運人、託運人的代理人或其受僱人的行為、故意或過失所引起，致使運送人或船舶遭受的滅失或毀損，託運人不負責任[21]。

第四項規定，為救助或企圖救助海上人命或財產而發生的偏航，或任何合理偏航，都不能作為破壞或違反本公約或運送契約的行為；運送人對由此而引起的任何滅失或毀損，都不負責[22]。

第五項第一款規定，運送人或是船舶，在任何情況下對貨物或與貨物有關的滅失或毀損，每件或每計費單位超過一百英鎊或與其等值的其他貨幣的部分，都不負責；但託運人於裝貨前已就該項貨物的性質和價值提出聲明，並已在載貨證券上註明者，不在此限[23]。

21　3. The shipper shall not be responsible for loss or damage sustained by the carrier or the ship arising or resulting from any cause without the act, fault or neglect of the shipper, his agents or his servants.

22　4. Any deviation in saving or attempting to save life or property at sea or any reasonable deviation shall not be deemed to be an infringement or breach of this Convention or of the contract of carriage, and the carrier shall not be liable for any loss or damage resulting therefrom.

23　5. Neither the carrier nor the ship shall in any event be or become liable for any loss or damage to or in connexion with goods in an amount

　　第五項第二款規定，該項聲明如經載入載貨證券，即做為初步證據，但它對運送人並不具有約束力或最終效力[24]。

　　第五項第三款規定，經運送人、船長或運送人的代理人與託運人雙方協議，可規定不同於本款規定的另一最高限額，但該最高限額不得低於上述數額。如運送人在載貨證券上，故意謊報貨物性質或價值，則在任何情況下，運送人或是船舶，對貨物或與貨物有關的滅失或毀損，都不負責[25]。

　　第六項規定，運送人、船長或運送人的代理人對於事先不知性質而裝載的具有易燃、爆炸或危險性的貨物，可在卸貨前的任何時候將其卸在任何地點，或將其銷毀，或使之無害，而不予賠償；該項貨物的託運人，應對由於裝載該項貨物而直接或間接引起的一切損害或費用負責。如果運送人知道該項貨物的性質，並已同意裝載，則在該項貨物對船舶或貨載發生危險時，亦得同樣將該項貨物卸在任何地點，或將其銷毀，或使之無害，而不負賠償責任，但如果發生共同海損不在此限[26]。

---

exceeding 100 pounds sterling per package or unit, or the equivalent of that sum in other currency unless the nature and value of such goods have been declared by the shipper before shipment and inserted in the bill of lading.

24　This declaration if embodied in the bill of lading shall be prima facie evidence, but shall not be binding or conclusive on the carrier.

25　By agreement between the carrier, master or agent of the carrier and the shipper another maximum amount than that mentioned in this paragraph may be fixed, provided that such maximum shall not be less than the figure above named.

26　6. Goods of an inflammable, explosive or dangerous nature to the shipment whereof the carrier, master or agent of the carrier has not consented with knowledge of their nature and character, may at any time

二、1968 年威士比規則

（一）運送人運送貨物的責任期間

　　威士比規則對於運送人的責任期間，依然沿襲 1924 年海牙規則之規定，即貨物運輸的期間為從貨物裝載上船至卸載下船為止的期間。

　　所謂「裝載上船起至卸載下船止」可分為兩種情況：一是在使用船上吊桿裝卸貨物時，裝貨時貨物掛上船舶吊桿的吊鉤時起至卸貨時貨物脫離吊鉤時為止，即「鉤至鉤」期間。二是使用岸上起重機裝卸，則以貨物越過船舷為界，即「舷至舷」期間運送人應對貨物負責。

　　至於貨物裝船以前，即運送人在碼頭倉庫自接管貨物後至裝載上船之時間，以及貨物卸載下船後到向收貨人交付貨物之時間，可由運送人與託運人就運送人在上述兩段時間內所發生的貨物滅失或損壞所應承擔的責任和義務訂立任何協議、規定、條件、保留或免責條款。

---

before discharge be landed at any place, or destroyed or rendered innocuous by the carrier without compensation and the shipper of such goods shall be liable for all damage and expenses directly or indirectly arising out of or resulting from such shipment. If any such goods shipped with such knowledge and consent shall become a danger to the ship or cargo, they may in like manner be landed at any place, or destroyed or rendered innocuous by the carrier without liability on the part of the carrier except to general average, if any.

（二）運送人最低限度的義務

　　威士比規則對於運送人最低限度之義務，依然沿襲 1924 年海牙規則第二條之規定，除依照第六條規定外，每個海上貨物運送契約的運送人，對有關貨物的裝載、搬運、堆存、運送、保管、照料和卸載，都應按照下列規定承擔責任和義務，並享受權利和豁免。

　　復依據「海牙規則」第三條第一款之規定：「運送人必須在開航前和開航當時，謹慎處理，使航船處於適航狀態，妥善配備合格船員，裝備船舶和配備供應品；使貨艙、冷藏艙和該船其他載貨處所能適當而安全地接受、載運和保管貨物。」

　　同條第二款規定：「承運人應妥善地和謹慎地裝載、操作、堆存、運送、保管、照料與卸載。」即提供適航船舶，妥善管理貨物，否則將負擔賠償責任。

（三）運送人的賠償責任限額

　　威士比規則對於運送人的賠償責任限額規定爲：

　　1.除非在裝貨前，託運人已聲明該貨物的性質和價值，並記載於載貨證券，否則，在任何情況下，運送人或船舶對貨物所遭受的或有關的任何滅失或毀損，每件或每單位的金額超過 10,000 法郎的部分，或按滅失或毀損的貨物每公斤淨重超過 30 法郎的部分，均不負責，兩者以較高的金額爲準。

　　2.全部賠償金額應依照貨物於運送契約從船上卸下或應

卸下的當地當時之價值計算。貨物價值應按照商品交易價格確定，或者如無商品交易價格時，則按現行市場價格確定，或者既無商品交易價格又無現行市場價格時，則依照同種類、同品質貨物的一般價值確定。

3.如果貨物是用貨櫃、墊板或類似的裝運器具拼裝時，載貨證券中所載明的、裝在這種裝運器具中的件數或單位數，應視為就本款所指的件數或單位數；除上述情況外，應視為此種裝運器具即是一件或一單位。

4.一個法郎是指一個含有純度為千分之 900 的黃金 65.5 毫克的單位。裁決的賠償數額兌換成該國家之貨幣的日期，應由受理該案法院的法律規定。

5.如經證實損失是由於運送人蓄意造成損失而作出的作為或不作為，或明知可能會產生損失但仍不顧後果而作出的作為或不作為產生時，則運送人或船舶無權享受本款所規定的責任限制的利益。

6.本條第一項所提到的聲明，如記載於載貨證券時，應作為初步證據，但對運送人不具有約束力或最終效力。

7.運送人、船長或運送人的代理人和託運人之間的協議，可以規定高於本條第一項規定的另外最高金額，但這樣規定的最高金額不得低於第一項所列的最高金額。

（四）運送人的免責事由

「威士比規則」對於運送人的免責事由，依然沿襲「1924年海牙規則」第四條之相關規定。依據「海牙規則」第四條

第一項之規定，對於運送人免責事由作出概括規定，即不論運送人或船舶，對於在適航之條件下所引起的滅失或損壞，都不負責，除非造成的原因是由於運送人未按第三條第一項的規定，善盡職責，使船舶適航；保證適當地配備船員、設備和供應該船，以及使貨艙、冷藏艙和該船的其它貨載處所能適宜並安全地收受、運送和保管貨物。

凡由於船舶不適航所引起的滅失和損害，對於已善盡職責的舉證責任，應由根據本條規定要求免責的運送人或其他人負責。

但在同條第二項中對於承運人的免責作了十七款列舉規定，分別為：

(a) 船長、船員、引水人或運送人的僱用人員，在航行或管理船舶中的行為、過失或不履行義務。

(b) 火災，但由於運送人的故意或過失所引起的除外。

(c) 海上或其它可航水域的災難、危險和意外事故。

(d) 天災。

(e) 戰爭行為。

(f) 敵對行為。

(g) 君主、當權者或人民的扣留或管制，或依法扣押。

(h) 檢疫限制。

(i) 託運人或貨主、其代理人或代表的行為或不行為。

（j）　不論由於任何原因所引起的局部或全面罷工、關
廠停止或限制工作。

（k）　暴動和騷亂。

（l）　救助或企圖救助海上人命或財產。

（m）　由於貨物的固有缺點、性質或缺陷引起的體積或
重量減少，或任何其它滅失或損壞。

（n）　包裝不固。

（o）　標誌不清或不當。

（p）　雖善盡職責亦不能發現的潛在性瑕疵。

（q）　非由於運送人的故意或過失，或者運送人的代理
人，或僱用人員的故意或過失所引起的其它任何
原因；但是要求援用這條免責利益的人應負責舉
證，證明有關的滅失或毀損既非由於運送人的故
意或過失，亦非運送人的代理人或僱用人員的故
意或過失所造成。

其他免責事由分別規定在同條第三至六項中，分別為：

1.第三項規定，對於任何非因託運人、託運人的代理人
或其僱用人員的行為、過失或疏忽所引起的使運送人或船舶
遭受的滅失或損壞，託運人不負責任。

2.第四項規定，為救助或企圖救助海上人命或財產而發
生的偏航，或任何合理偏航，都不能作為破壞或違反本公約
或運送契約的行為；運送人對由此而引起的任何滅失或毀
損，都不負責。

3.第五項之規定：

（1）第一款規定，運送人或是船舶，在任何情況下對貨物或與貨物有關的滅失或毀損，每件或每一計費單位超過100 英鎊或與其等值的其他貨幣的部分，都不負責；但託運人於裝貨前已就該項貨物的性質和價值提出聲明，並已於載貨證券上註明的，不在此限。

（2）第二款規定，該項聲明如經記載於載貨證券上，即可做為初步證據，但它對運送人並不具有約束力或最終效力。

（3）第三款規定，經運送人、船長或運送人的代理人與託運人雙方協議，可規定不同於本款規定的另一最高限額，但該最高限額不得低於上述數額。如運送人在載貨證券上，故意謊報貨物之性質或價值，則在任何情況下，運送人或是船舶，對貨物或與貨物有關的滅失或毀損，都不負責。

4.第六項規定，運送人、船長或運送人的代理人對於事先不知性質而裝載的具有易燃、爆炸或危險性的貨物，可在卸貨前的任何時候將其卸載在任何地點，或將其銷毀，或使之無害，而不予賠償；該項貨物的託運人，應對由於裝載該項貨物而直接或間接引起的一切損害或費用負責。如果運送人知道該項貨物的性質，並已同意裝載，則在該項貨物對船舶或貨載發生危險時，亦得同樣將該項貨物卸載在任何地點，或將其銷毀，或使之無害，而不負賠償責任，但如發生共同海損不在此限。

三、1978 年漢堡規則

（一）運送人運送貨物的責任期間

依「漢堡規則」第四條第一項及第二項規定[27]，在本公約下，運送人對於貨物在裝貨港、在運送途中及在卸貨港由其掌管的全部期間擔負責任。

運送人在以下所述之起迄期間內視爲掌管貨物：

1.自下列之人處接收貨物之時起：

（1）託運人或代表他行事的人；或

27　Article 4. Period of responsibility
1. The responsibility of the carrier for the goods under this Convention covers the period during which the carrier is in charge of the goods at the port of loading, during the carriage and at the port of discharge.
2. For the purpose of paragraph 1 of this article, the carrier is deemed to be in charge of the goods
（a）from the time he has taken over the goods from:
（i）the shipper, or a person acting on his behalf; or
（ii）an authority or other third party to whom, pursuant to law or regulations applicable at the port of loading, the goods must be handed over for shipment;
（b）until the time he has delivered the goods:
（i）by handing over the goods to the consignee; or
（ii）in cases where the consignee does not receive the goods from the carrier, by placing them at the disposal of the consignee in accordance with the contract or with the law or with the usage of the particular trade, applicable at the port of discharge; or
（iii）by handing over the goods to an authority or other third party to whom, pursuant to law or regulations applicable at the port of discharge, the goods must be handed over.

（2）依照裝貨港適用的法律或規章，貨物必須交其裝船的當局或其他第三人；

2.其他依以下方式交付貨物之時為止：

（1）把貨物交給收貨人；或

（2）收貨人不自運送人處收受貨物時，按照契約或卸貨港適用的法律或特定行業習慣，把貨物留給收貨人處置；或

（3）把貨物交給依據卸貨港適用的法律或規章貨物必須交給的當局或其他第三人。

據此，「漢堡規則」第四條第一項及第二項規定，運送人對貨物的責任期間包括在裝貨港、在運輸途中以及在卸貨港，貨物在運送人掌管的全部期間。即運送人的責任期間從運送人接管貨物時起到交付貨物時止。而此與「海牙規則」的「鉤至鉤」或「舷至舷」相比較，其責任期間擴展到「港到港」期間，解決了貨物從交貨到裝船和從卸船到收貨人提貨這兩段沒有人負責的空間，明顯地延長了運送人的責任期間。

（二）運送人最低限度的義務

依據「漢堡規則」第五條規定[28]，運送人對於貨物的滅

28　Article 5. Basis of liability
1. The carrier is liable for loss resulting from loss of or damage to the goods, as well as from delay in delivery, if the occurrence which caused the loss, damage or delay took place while the goods were in his charge as defined in article 4, unless the carrier proves that he, his servants or agents took all measures that could reasonably be required to avoid the occurrence and its consequences.

失或毀損以及遲延交付所引起的損害，如引致滅失、毀損或

---

2. Delay in delivery occurs when the goods have not been delivered at the port of discharge provided for in the contract of carriage by sea within the time expressly agreed upon or, in the absence of such agreement, within the time which it would be reasonable to require of a diligent carrier, having regard to the circumstances of the case.

3. The person entitled to make a claim for the loss of goods may treat the goods as lost if they have not been delivered as required by article 4 within 60 consecutive days following the expiry of the time for delivery according to paragraph 2 of this article.

4. (a) The carrier is liable

(i) for loss of or damage to the goods or delay in delivery caused by fire, if the claimant proves that the fire arose from fault or neglect on the part of the carrier, his servants or agents;

(ii) for such loss, damage or delay in delivery which is proved by the claimant to have resulted from the fault or neglect of the carrier, his servants or agents in taking all measures that could reasonably be required to put out the fire and avoid or mitigate its consequences.

(b) In case of fire on board the ship affecting the goods, if the claimant or the carrier so desires, a survey in accordance with shipping practices must be held into the cause and circumstances of the fire, and a copy of the surveyors report shall be made available on demand to the carrier and the claimant.

5. With respect to live animals, the carrier is not liable for loss, damage or delay in delivery resulting from any special risks inherent in that kind of carriage. If the carrier proves that he has complied with any special instructions given to him by the shipper respecting the animals and that, in the circumstances of the case, the loss, damage or delay in delivery could be attributed to such risks, it is presumed that the loss, damage or delay in delivery was so caused, unless there is proof that all or a part of the loss, damage or delay in delivery resulted from fault or neglect on the part of the carrier, his servants or agents.

6. The carrier is not liable, except in general average, where loss, damage or delay in delivery resulted from measures to save life or from reasonable measures to save property at sea.

7. Where fault or neglect on the part of the carrier, his servants or agents combines with another cause to produce loss, damage or delay in delivery, the carrier is liable only to the extent that the loss, damage or delay in delivery is attributable to such fault or neglect, provided that the carrier proves the amount of the loss, damage or delay in delivery not attributable thereto.

遲延的事件，發生於第四條所訂明的貨物由運送人掌管的期間，須負賠償責任。

貨物未於 1.約定的期限內，2.或在並無此種約定時，未於考慮到實際情況、可以合理要求運送人遵守的期限內，在海上運送契約所規定的卸貨港交付，即爲遲延交付。

有權對貨物的損失要求賠償的人，在貨物未按照第四條的要求於前項所規定的交付期限屆滿後連續六十日內交付時，可視爲貨物已受滅失。

1.運送人對於以下的貨物毀損、滅失或遲延交付，負賠償責任：

（1）因火災而引起的貨物之毀損、滅失或遲延交付，如索賠人能證明火災是由於運送人、或其受雇人、代理人的故意或過失所致。

（2）索賠人能證明由於運送人、或其受雇人、代理人在採取可以合理要求的一切措施，以撲滅火災和防止或減輕其後果，且具有故意或過失而引起的毀損、滅失或遲延交付。

2.於船舶上發生火災而影響到貨物時，如果索賠人或運送人要求，必須按照航運賠償習慣，對火災的起因和情況進行調查，調查人員的報告副本應依規定送交運送人和索賠人。

3.關於活的動物，經證明毀損、滅失或遲延交付的全部或一部是由於運送人、或其受雇人、代理人的故意或過失所造成者，應負賠償責任。

4.運送人、或其受雇人、代理人的故意或過失與另一原因結合，產生毀損、滅失或遲延交付時，運送人僅對於貨物

毀損、滅失或遲延交付可以歸責於此種故意或過失的限度內負賠償責任，但運送人須證明不可歸責於此種故意或過失所致的毀損、滅失或遲延交付的數額。

據此，「漢堡規則」明確了推定過失與舉證責任相結合的完全過失責任制。規定凡是在承運人掌管貨物期間發生貨物損害，除非運送人能證明已為避免事故的發生及其後果採取了一切可能的措施，否則推定損失係由運送人的過失所造成，運送人應承擔賠償責任。因此，很明顯地，「漢堡規則」較「海牙規則」擴大了運送人的責任。

（三）運送人的賠償責任限額

依據「漢堡規則」第六條規定[29]，運送人按照第五條規

---

29 Article 6. Limits of liability
1.（a）The liability of the carrier for loss resulting from loss of or damage to goods according to the provisions of article 5 is limited to an amount equivalent to 835 units of account per package or other shipping unit or 2.5 units of account per kilogram of gross weight of the goods lost or damaged, whichever is the higher.
（b）The liability of the carrier for delay in delivery according to the provisions of article 5 is limited to an amount equivalent to two and a half times the freight payable for the goods delayed, but not exceeding the total freight payable under the contract of carriage of goods by sea.
（c）In no case shall the aggregate liability of the carrier, under both subparagraphs（a）and（b）of this paragraph, exceed the limitation which would be established under subparagraph（a）of this paragraph for total loss of the goods with respect to which such liability was incurred.
2.For the purpose of calculating which amount is the higher in accordance with paragraph 1（a）of this article, the following rules apply:
（a）Where a container, pallet or similar article of transport is used to consolidate goods, the package or other shipping units enumerated in the bill of lading, if issued, or otherwise in any other document

定，對於貨物的毀損或滅失引起的損害所負的賠償責任，限於相當於所毀損或滅失的貨物每包或其他貨運單位 835 記帳單位或總重量每公斤 2.5 記帳單位的數額，以較高的數額為準。

運送人按照第五條的規定對於遲延交付所負的賠償責任，限於相當於對遲延的貨物所應支付費用 2.5 倍的數額，但不得超過按照海上貨物運送契約所應支付的運費總額。

運送人根據前二項的全部賠償總額，不得超過根據第一項對於貨物全部滅失引起的賠償責任限度。

為計算按照本條第一項的規定，決定哪一個數額較高的目的，應適用下列規則：

1.使用貨櫃、墊板或類似載貨物件歸併貨物時，載貨證券上或未發給載貨證券時，作為海上運送契約證明的任何其他文件內，列明包裝在這種載貨之物件內的包或其他貨運單位視為單一的包或貨運單位。除上述情況外，這種載貨物件內的貨物視為一個貨運單位。

2.於載貨物件本身滅失或毀損時，如該載貨物件並非運送人所擁有或供給，則視為一個單獨的貨運單位。

---

evidencing the contract of carriage by sea, as packed in such article of transport are deemed packages or shipping units. Except as aforesaid the goods in such article of transport are deemed one shipping unit.
（b）In cases where the article of transport itself has been lost or damaged, that article of transport, if not owned or otherwise supplied by the carrier, is considered one separate shipping unit.
3.Unit of account means the unit of account mentioned in article 26.
4.By agreement between the carrier and the shipper, limits of liability exceeding those provided for in paragraph 1 may be fixed.

3.記帳單位是指第二十六條[30]所述的記帳單位。

---

30 第二十六條（記帳單位）

本公約第六條所述的記帳單位是國際貨幣基金組織所規定的特別提款權。第六條所述的數額應按一國國家貨幣在宣告判決日或在當事各方議定的日期時的價值換算為該國國家貨幣。

凡為國際貨幣基金組織成員的締約國，其國家貨幣按特別提款權計算的價值，應按照國際貨幣基金組織在上述日期時對其業務和交易所採用的定價方法計算。

非國際貨幣基金組織成員的締約國，其國家貨幣按特別提款權計算的價值，應按照該國決定的方法計算。但是非國際貨幣基金組織成員而且其本國法律亦不容許適用前項規定的國家，可在簽字時，或在批准、接受、贊同或加入時或在其後任何時候，聲明本公約所規定的、適用於其本國領土的責任限度，應訂定如下：每包貨物或其他貨運單位為 12500 個貨幣單位或貨物總重量每公斤為 37.5 個貨幣單位。

前項所述的貨幣單位等於 65.5 毫克含千分之 900 純金的黃金。所述數額應按照有關國家的法律換算為國家貨幣。

進行第一項所述計算及前項所述換算時，所用方法須能在最大程度上以締約國國家貨幣表示第六條內數額以記帳單位表示的相同實際價值。締約國在簽字時或交存其批准書、接受書、贊同書或加入書時，第二項所規定的選擇時，以及在計算方法或換算結果有改變時，必須按情況把依照第一項決定的計算方法或第三項所述換算結果，通知保管人。

Article 26. Unit of account

1.The unit of account referred to in article 6 of this Convention is the special drawing right as defined by the International Monetary Fund. The amounts mentioned in article 6 are to be converted into the national currency of a State according to the value of such currency at the date of judgement or the date agreed upon by the parties. The value of a national currency, in terms of the special drawing right, of a Contracting State which is a member of the International Monetary Fund is to be calculated in accordance with the method of valuation applied by the International Monetary Fund in effect at the date in question for its operations and transactions. The value of a national currency, in terms of the special drawing right, of a Contracting State which is not a member of the International Monetary Fund is to be calculated in a manner determined by that State.

2. Nevertheless, those States which are not members of the International Monetary Fund and whose law does not permit the application of the provisions of paragraph 1 of this article may, at the time of signature, or

　　4.運送人和託運人可以協議訂定超過第一項所規定的責任限度。

（四）運送人的免責事由

　　依據「漢堡規則」第五條第一項但書規定，運送人能證明本人、或其受雇人、代理人為避免該事件之發生，及其後果曾採取可能合理要求的一切措施者，不負賠償責任。

　　同條第四項規定，對於因火災而引致的貨物的毀損、滅失或遲延交付，如索賠人不能證明火災是由於運送人、或其受雇人、代理人的故意或過失所致者，不負賠償責任。以及索賠人不能證明貨物之毀損、滅失或遲延交付係由於運送

---

at the time of ratification, acceptance, approval or accession or at any time thereafter, declare that the limits of liability provided for in this Convention to be applied in their territories shall be fixed as 12,500 monetary units per package or other shipping unit or 37.5 monetary units per kilogram of gross weight of the goods.

3. The monetary unit referred to in paragraph 2 of this article corresponds to sixty-five and a half milligrams of gold of millesimal fineness nine hundred. The conversion of the amounts referred to in paragraph 2 into the national currency is to be made according to the law of the State concerned.

4. The calculation mentioned in the last sentence of paragraph 1 and the conversion mentioned in paragraph 3 of this article is to be made in such a manner as to express in the national currency of the Contracting State as far as possible the same real value for the amounts in article 6 as is expressed there in units of account. Contracting States must communicate to the depositary the manner of calculation pursuant to paragraph 1 of this article, or the result of the conversion mentioned in paragraph 3 of this article, as the case may be, at the time of signature or when depositing their instruments of ratification, acceptance, approval or accession, or when availing themselves of the option provided for in paragraph 2 of this article and whenever there is a change in the manner of such calculation or in the result of such conversion.

人、或其受雇人、代理人無法採取可以合理要求的一切措施，以撲滅火災和防止或減輕其後果，且基於故意或過失而引起的，不負賠償責任。

同條第五項規定，關於活的動物，運送人對於此類運送固有的任何特別危險所引起的毀損、滅失或遲延交付不負賠償責任。但是如果運送人能證明他已遵行託運人所給予他的關於動物的任何特別指示，而且按照實際情況，毀損、滅失或遲延交付可以歸責於此種危險時，除經證明毀損、滅失或遲延交付的全部或一部是由於運送人、或其受雇人、代理人的故意或過失所造成外，應即推定毀損、滅失或遲延交付是由於此種危險所引致。

同條第六項規定，除為分擔共同海損外，運送人對於因救助海上人命的措施或救助海上財產的合理措施而引起的毀損、滅失或遲延交付，不負賠償責任。

四、2008 年鹿特丹規則

（一）運送人運送貨物的責任期間

依據「鹿特丹規則」第十二條規定[31]，運送人的責任期

---

31 Article 12 Period of responsibility of the carrier
1.The period of responsibility of the carrier for the goods under this Convention begins when the carrier or a performing party receives the goods for carriage and ends when the goods are delivered.
2.（a）If the law or regulations of the place of receipt require the goods to

間爲：

1.運送人根據本公約對貨物的責任期間，自運送人或者履約人爲運送之目的而接收貨物時開始，至貨物交付時終止。

2.

（1）收貨地的法律或者法令要求，將貨物交給某當局或者其他協力廠商，運送人可以從該當局或者該其他協力廠商提取貨物時，運送人的責任期間，自運送人從該當局或者從該其他協力廠商提取貨物時開始。

（2）交貨地的法律或者法令要求，將貨物交給某當局或者其他協力廠商，收貨人可以從該當局或者該其他協力廠商提取貨物的，運送人的責任期間，至運送人將貨物交給該當局或者該其他協力廠商時終止。

3.爲確定運送人的責任期間，各方當事人可以約定接收和交付貨物的時間和地點，但運送契約條款記載下述規定

---

be handed over to an authority or other third party from which the carrier may collect them, the period of responsibility of the carrier begins when the carrier collects the goods from the authority or other third party.

（b）If the law or regulations of the place of delivery require the carrier to hand over the goods to an authority or other third party from which the consignee may collect them, the period of responsibility of the carrier ends when the carrier hands the goods over to the authority or other third party.

3.For the purpose of determining the carrier's period of responsibility, the parties may agree on the time and location of receipt and delivery of the goods, but a provision in a contract of carriage is void to the extent that it provides that:

（a）The time of receipt of the goods is subsequent to the beginning of their initial loading under the contract of carriage; or

（b）The time of delivery of the goods is prior to the completion of their final unloading under the contract of carriage.

者，即爲無效：

（1）接收貨物的時間是在根據運送契約開始最初裝貨之後；或者

（2）交付貨物的時間是在根據運送契約完成最後卸貨之前。

據此，「鹿特丹規則」之適用期間及責任期，包括運送人整個貨物保管期間，包括收貨迄交貨爲止之期間，責任以運送人是否負責保管貨物爲主，因此排除貨物依當地規定應交予主管機關之期間。

（二）承運人最低限度的義務

依據「鹿特丹規則」第十三條規定[32]，其對於運送人規定之義務：

1.在第十二條規定的責任期間內，除第二十六條[33]另有規

---

32 Article 13 Specific obligations
1.The carrier shall during the period of its responsibility as defined in article 12, and subject to article 26, properly and carefully receive, load, handle, stow, carry, keep, care for, unload and deliver the goods.
2. Notwithstanding paragraph 1 of this article, and without prejudice to the other provisions in chapter 4 and to chapters 5 to 7, the carrier and the shipper may agree that the loading, handling, stowing or unloading of the goods is to be performed by the shipper, the documentary shipper or the consignee. Such an agreement shall be referred to in the contract particulars.
33 第二十六條規定：海上運輸之前或者之後的運輸
如果貨物滅失、損壞或者造成遲延交付的事件或者情形發生在承運人的責任期間內，但發生的時間僅在貨物裝上船舶之前或者僅在貨物卸離船舶之後，本公約的規定不得優先于其他國際文書的下述條文，在此種滅失、損壞或者造成遲延交付的事件或者情形發生時：
（a）根據該國際文書的規定，如果托運人已就發生貨物滅失、損壞

定外，運送人應當妥善而謹慎地接收、裝載、操作、堆存、
運輸、保管、照料、卸載並交付貨物。

　　2.雖有本條第一項規定，在不影響第 4 章[34]其他規定以及
第 5 章至第 7 章[35]規定的情況下，運送人與託運人可以約定
由託運人、單證託運人或者收貨人裝載、操作、堆存或者卸
載貨物。此種約定應當在契約條款中記載。

　　依第十四條規定[36]，對於運送人特別適用於海上航程的

或者造成貨物遲延交付的事件或者情形的特定運輸階段與承運人訂
有單獨和直接的合同，本應適用于承運人全部活動或者任何活動的條
文；

（b）就承運人的賠償責任、賠償責任限制或者時效作了具體規定的
條文；和

（c）根據該文書，完全不能通過訂立合同加以背離的條文，或者不
能在損害託運人利益的情況下通過訂立合同加以背離的條文。

Article 26 Carriage preceding or subsequent to sea carriage
When loss of or damage to goods, or an event or circumstance causing a
delay in their delivery, occurs during the carrier's period of
responsibility but solely before their loading onto the ship or solely after
their discharge from the ship, the provisions of this Convention do not
prevail over those provisions of another international instrument that, at
the time of such loss, damage or event or circumstance causing delay:

（a）Pursuant to the provisions of such international instrument would
have applied to all or any of the carrier's activities if the shipper had
made a separate and direct contract with the carrier in respect of the
particular stage of carriage where the loss of, or damage to goods, or an
event or circumstance causing delay in their delivery occurred;

（b）Specifically provide for the carrier's liability, limitation of liability,
or time for suit; and

（c）Cannot be departed from by contract either at all or to the detriment
of the shipper under that instrument.

34 Chapter 4 Obligations of the carrier.

35 hapter 5 Liability of the carrier for loss, damage or delay、Chapter 6
Additional provisions relating to particular stages of carriage、Chapter 7
Obligations of the shipper to the carrier.

36 Article 14 Specific obligations applicable to the voyage by sea

義務為，運送人必須在開航前、開航當時和海上航程中謹慎處理：

（1）使船舶處於且保持適航狀態；

（2）妥善配備船員、裝備船舶和補給供應品，且在整個航程中保持此種配備、裝備和補給；並且

（3）使貨艙、船舶所有其他載貨處所和由運送人提供的載貨貨櫃適於且能安全接收、運輸和保管貨物，且保持此種狀態。

復依第十七條第一項規定[37]，如果索賠人證明，貨物滅失、損壞或者遲延交付，或者直接造成、促成了滅失、損壞或者遲延交付的事件或者該情形是在第 4 章規定的運送人責任期間內發生的，運送人應當對貨物滅失、損壞和遲延交付負賠償責任。

同條第五項規定[38]，運送人雖具有本條第三項規定（免

The carrier is bound before, at the beginning of, and during the voyage by sea to exercise due diligence to:

（a）Make and keep the ship seaworthy;

（b）Properly crew, equip and supply the ship and keep the ship so crewed, equipped and supplied throughout the voyage; and

（c）Make and keep the holds and all other parts of the ship in which the goods are carried, and any containers supplied by the carrier in or upon which the goods are carried, fit and safe for their reception, carriage and preservation.

37 Article 17 Basis of liability

1. The carrier is liable for loss of or damage to the goods, as well as for delay in delivery, if the claimant proves that the loss, damage, or delay, or the event or circumstance that caused or contributed to it took place during the period of the carrier's responsibility as defined in chapter 4.

38 5. The carrier is also liable, notwithstanding paragraph 3 of this article, for all or part of the loss, damage, or delay if:

責事由），但在下列情況下，應對貨物之滅失、損壞或者遲延交付的全部或者部分負賠償責任：

（1）索賠人能證明，造成或者可能造成，促成或者可能促成滅失、損壞或者遲延交付的原因是：

Ⅰ.船舶不適航；

Ⅱ.配備船員、裝備船舶和補給供應品不當；或者

Ⅲ.貨艙、船舶其他載貨處所或者由承運人提供的載貨貨櫃不適於且不能安全接收、運輸和保管貨物；並且

（2）承運人無法證明：

Ⅰ.造成滅失、毀損或者遲延交付的原因不是本條第5 項第（1）項述及的任何事件或者情形；或者

Ⅱ.運送人遵守了第 14 條所規定的合理謹慎義務。

依據「鹿特丹規則」第十八條之規定[39]，運送人尚須對

（a）The claimant proves that the loss, damage, or delay was or was probably caused by or contributed to by（i）the unseaworthiness of the ship;（ii）the improper crewing, equipping, and supplying of the ship; or（iii）the fact that the holds or other parts of the ship in which the goods are carried, or any containers supplied by the carrier in or upon which the goods are carried, were not fit and safe for reception, carriage, and preservation of the goods; and

（b）The carrier is unable to prove either that:（i）none of the events or circumstances referred to in subparagraph 5（a）of this article caused the loss, damage, or delay; or（ii）it complied with its obligation to exercise due diligence pursuant to article 14.

39 Article 18 Liability of the carrier for other persons
The carrier is liable for the breach of its obligations under this Convention caused by the acts or omissions of:
（a）Any performing party;
（b）The master or crew of the ship;
（c）Employees of the carrier or a performing party; or

於下列之人的作為或者不作為致違反本公約對運送人規定的
義務時，運送人應當負賠償責任：

（1）任何履約人[40]；

（2）船長或者船員；

（3）運送人的受雇人或者履約人的受雇人；或者

（4）履行或者承諾履行運送契約規定的運送人義務的其
他任何人，以該人按照運送人的要求，或者在運送人的監督
或者控制下直接或者間接之作為為限。

依據「鹿特丹規則」第十九條之規定[41]，海運履約人[42]的

（d）Any other person that performs or undertakes to perform any of the
carrier's obligations under the contract of carriage, to the extent that the
person acts, either directly or indirectly, at the carrier's request or under
the carrier's supervision or control.

40　Article 1 Definitions
For the purposes of this Convention:
6.（a）"Performing party" means a person other than the carrier that
performs or undertakes to perform any of the carrier's obligations under
a contract of carriage with respect to the receipt, loading, handling,
stowage, carriage, care, unloading or delivery of the goods, to the extent
that such person acts, either directly or indirectly, at the carrier's request
or under the carrier's supervision or control.
（b）"Performing party" does not include any person that is retained,
directly or indirectly, by a shipper, by a documentary shipper, by the
controlling party or by the consignee instead of by the carrier.

41　Article 19 Liability of maritime performing parties
1.A maritime performing party is subject to the obligations and liabilities
imposed on the carrier under this Convention and is entitled to the
carrier's defences and limits of liability as provided for in this
Convention if:
（a）The maritime performing party received the goods for carriage in a
Contracting State, or delivered them in a Contracting State, or performed
its activities with respect to the goods in a port in a Contracting State;
and（b）The occurrence that caused the loss, damage or delay took place:
（i）during the period between the arrival of the goods at the port of

賠償責任：

　　1.在符合下列條件下，海運履約人必須承擔本公約對運送人規定的義務和賠償責任，且有權享有本公約對運送人規定的抗辯和賠償責任限制：

　　（1）海運履約人在一締約國為運送之目的而接收了貨物或者在一締約國交付了貨物，或者在一締約國某一港口履行了與貨物有關的各種活動；並且

　　（2）造成滅失、毀損或者遲延交付的事件發生在：

　　Ⅰ.貨物到達船舶裝貨港至貨物離開船舶卸貨港的期間

---

loading of the ship and their departure from the port of discharge from the ship; (ii) while the maritime performing party had custody of the goods; or (iii) at any other time to the extent that it was participating in the performance of any of the activities contemplated by the contract of carriage.

2. If the carrier agrees to assume obligations other than those imposed on the carrier under this Convention, or agrees that the limits of its liability are higher than the limits specified under this Convention, a maritime performing party is not bound by this agreement unless it expressly agrees to accept such obligations or such higher limits.

3. A maritime performing party is liable for the breach of its obligations under this Convention caused by the acts or omissions of any person to which it has entrusted the performance of any of the carrier's obligations under the contract of carriage under the conditions set out in paragraph 1 of this article.

4. Nothing in this Convention imposes liability on the master or crew of the ship or on an employee of the carrier or of a maritime performing party.

42 Article 1 Definitions

For the purposes of this Convention:

7. "Maritime performing party" means a performing party to the extent that it performs or undertakes to perform any of the carrier's obligations during the period between the arrival of the goods at the port of loading of a ship and their departure from the port of discharge of a ship. An inland carrier is a maritime performing party only if it performs or undertakes to perform its services exclusively within a port area.

內；

　　Ⅱ.貨物在海運履約人掌管期間內；或者

　　Ⅲ.海運履約人參與履行運送契約條款所記載任何活動的其他任何時間內。

　　2.運送人約定在本公約對其規定的義務範圍之外承擔義務，或者約定其賠償責任限額高於本公約所規定之限額，海運履約人不受該約定的約束，除非海運履約人能明確約定接受該義務或者該更高限額。

　　3.符合本條第 1 項所列條件，對於受海運履約人之委託，履行運送契約約定的運送人義務之人，違反本公約對海運履約人規定的義務之作為或者不作為，海運履約人負賠償責任。

　　4.本公約規定一律不要求船長或者船員、運送人的受雇人或者海運履約人的受雇人負賠償責任。

　　依據「鹿特丹規則」第二十條之規定[43]，運送人對於貨物滅失、毀損或者遲延交付情況發生時，當其與一個或者數個海運履約人均負有賠償責任者，其賠償責任為連帶責任，但此僅限於本公約所規定的限額。同時在不影響第 61 條[44]的

---

43 Article 20 Joint and several liability
　　1.If the carrier and one or more maritime performing parties are liable for the loss of, damage to, or delay in delivery of the goods, their liability is joint and several but only up to the limits provided for under this Convention.
　　2.Without prejudice to article 61, the aggregate liability of all such persons shall not exceed the overall limits of liability under this Convention.

44 第六十一條規定：賠償責任限制權的喪失

情況下，上述所有之人的累計賠償責任總額不得超過本公約所規定的賠償責任總限額。

　　依據「鹿特丹規則」第二十五條第一項之規定[45]，運送

1.如果索賠人證明，違反本公約規定的承運人義務所造成的損失，是由於聲稱有權限制賠償責任的人本人故意造成此種損失的作爲或者不作爲所導致的，或者是明知可能產生此種損失而輕率地作爲或者不作爲所導致的，則承運人或者第 18 條述及的任何人，無權根據第 59 條的規定或者按照運輸合同的約定享有限制賠償責任的利益。
2.如果索賠人證明，遲延交付是由於聲稱有權限制賠償責任的人本人故意造成遲延損失的作爲或者不作爲所導致的，或者是明知可能產生此種損失而輕率地作爲或者不作爲所導致的，則承運人或者第 18 條述及的任何人，無權根據第 60 條的規定享有限制賠償責任的利益。

Article 61 Loss of the benefit of limitation of liability
1.Neither the carrier nor any of the persons referred to in article 18 is entitled to the benefit of the limitation of liability as provided in article 59, or as provided in the contract of carriage, if the claimant proves that the loss resulting from the breach of the carrier's obligation under this Convention was attributable to a personal act or omission of the person claiming a right to limit done with the intent to cause such loss or recklessly and with knowledge that such loss would probably result.
2. Neither the carrier nor any of the persons mentioned in article 18 is entitled to the benefit of the limitation of liability as provided in article 60 if the claimant proves that the delay in delivery resulted from a personal act or omission of the person claiming a right to limit done with the intent to cause the loss due to delay or recklessly and with knowledge that such loss would probably result.

45　Article 25 Deck cargo on ships
1. Goods may be carried on the deck of a ship only if:
（a）Such carriage is required by law;
（b）They are carried in or on containers or vehicles that are fit for deck carriage, and the decks are specially fitted to carry such containers or vehicles; or
（c）The carriage on deck is in accordance with the contract of carriage, or the customs, usages or practices of the trade in question.
…………
3.If the goods have been carried on deck in cases other than those permitted pursuant to paragraph 1 of this article, the carrier is liable for loss of or damage to the goods or delay in their delivery that is exclusively caused by their carriage on deck, and is not entitled to the defences provided for in article 17.

人對於甲板運送須僅限於下列情形：

　　1.根據法律的要求進行此種運送；

　　2.貨物載於適合甲板運送的貨櫃內或者車輛內，而甲板專門適於載運此類貨櫃或者車輛；或者

　　3.甲板運送符合運送契約或者相關行業的習慣、慣例。

　　運送人倘若違反規定時，對於完全由於甲板載運貨物所造成的貨物滅失、毀損或者遲延交付，運送人應負賠償責任，且無權享有第 17 條所規定的抗辯權利。

（三）運送人的賠償責任限額

　　依據「鹿特丹規則」第二十二條之規定[46]，對於貨物滅失或者毀損之賠償額計算，按照下列標準計算：

　　1.除第 59 條另有規定外，運送人對貨物滅失或者毀損應支付的賠償額，按照貨物在根照第 43 條[47]所確定的交貨地和

---

46 Article22 Calculation of compensation
　1. Subject to article 59, the compensation payable by the carrier for loss of or damage to the goods is calculated by reference to the value of such goods at the place and time of delivery established in accordance with article 43.
　2. The value of the goods is fixed according to the commodity exchange price or, if there is no such price, according to their market price or, if there is no commodity exchange price or market price, by reference to the normal value of the goods of the same kind and quality at the place of delivery.
　3. In case of loss of or damage to the goods, the carrier is not liable for payment of any compensation beyond what is provided for in paragraphs 1 and 2 of this article except when the carrier and the shipper have agreed to calculate compensation in a different manner within the limits of chapter 16.

47 第四十三條規定：接受交貨的義務

交貨時間的價值計算。

　　2.貨物價值按照商品交易價格確定，無商品交易價格者，按照其市場價格確定，既無商品交易價格又無市場價格的，按照交貨地同種類、同品質之貨物的一般價值確定。

　　3.貨物發生滅失或者毀損時，運送人對超出上述 1 和 2 所規定的賠償額，不負任何賠償責任，除非運送人與託運人在第 16 章[48]的規定下，其約定了賠償額的不同計算方法。

　　「鹿特丹規則」第五十九條之規定[49]，為運送人之賠償

當貨物到達目的地時，要求交付貨物的收貨人應當在運輸合同約定的時間或者期限內，在運輸合同約定的地點接受交貨，無此種約定的，應當在考慮到合同條款和行業習慣、慣例或者做法以及運輸情形，能夠合理預期的交貨時間和地點接受交貨。

Article 43 Obligation to accept delivery
When the goods have arrived at their destination, the consignee that demands delivery of the goods under the contract of carriage shall accept delivery of the goods at the time or within the time period and at the location agreed in the contract of carriage or, failing such agreement, at the time and location at which, having regard to the terms of the contract, the customs, usages or practices of the trade and the circumstances of the carriage, delivery could reasonably be expected.

48 Chapter 16 Validity of contractual terms.
49 Article 59 Limits of liability
1.Subject to articles 60 and 61, paragraph 1, the carrier's liability for breaches of its obligations under this Convention is limited to 875 units of account per package or other shipping unit, or 3 units of account per kilogram of the gross weight of thegoods that are the subject of the claim or dispute, whichever amount is the higher, except when the value of the goods has been declared by the shipper and included in the contract particulars, or when a higher amount than the amount of limitation of liability set out in this article has been agreed upon between the carrier and the shipper.
2.When goods are carried in or on a container, pallet or similar article of transport used to consolidate goods, or in or on a vehicle, the packages or shipping units enumerated in the contract particulars as packed in or on such article of transport or vehicle are deemed packages or shipping units.

責任限額規定，除第 60 條[50]以及第 61 條第一項[51]另有規定

If not so enumerated, the goods in or on such article of transport or vehicle are deemed one shipping unit.

3.The unit of account referred to in this article is the Special Drawing Right as defined by the International Monetary Fund. The amounts referred to in this article are to be converted into the national currency of a State according to the value of such currency at the date of judgement or award or the date agreed upon by the parties. The value of a national currency, in terms of the Special Drawing Right, of a Contracting State that is a member of the International Monetary Fund is to be calculated in accordance with the method of valuation applied by the International Monetary Fund in effect at the date in question for its operations and transactions. The value of a national currency, in terms of the Special Drawing Right, of a Contracting State that is not a member of the International Monetary Fund is to be calculated in a manner to be determined by that State.

50 第六十條規定：遲延造成損失的賠償責任限額

除第 61 條第 2 款另有規定外，對遲延造成貨物滅失或者損壞的賠償額，應當按照第 22 條計算，對遲延造成經濟損失的賠償責任限額，是相當於遲交貨物應付運費兩倍半的數額。根據本條以及第 59 條第 1 款確定的賠付總額，不得超過所涉貨物全損時根據第 59 條第 1 款確定的限額。

Article 60 Limits of liability for loss caused by delay

Subject to article 61, paragraph 2, compensation for loss of or damage to the goods due to delay shall be calculated in accordance with article 22 and liability for economic loss due to delay is limited to an amount equivalent to two and one-half times the freight payable on the goods delayed. The total amount payable pursuant to this article and article 59, paragraph 1, may not exceed the limit that would be established pursuant to article 59, paragraph 1, in respect of the total loss of the goods concerned.

51 第六十一條第一項規定：如果索賠人證明，違反本公約規定的承運人義務所造成的損失，是由於聲稱有權限制賠償責任的人本人故意造成此種損失的作爲或者不作爲所導致的，或者是明知可能產生此種損失而輕率地作爲或者不作爲所導致的，則承運人或者第 18 條述及的任何人，無權根據第 59 條的規定或者按照運輸合同的約定享有限制賠償責任的利益。

Article 61 Loss of the benefit of limitation of liability

1.Neither the carrier nor any of the persons referred to in article 18 is entitled to the benefit of the limitation of liability as provided in article

外，運送人對於違反本公約對其規定的義務所負賠償責任的限額，按照索賠或者爭議所涉貨物的件數或者其他貨運單位計算，每件或者每個其他貨運單位以 875 個計算單位，或者按照索賠或者爭議所涉貨物的淨重計算，每公斤 3 個計算單位，以兩者中較高限額爲準。但貨物價值已由託運人申報且在契約條款中記載，或者運送人與託運人已另行約定高於本條所規定的賠償責任限額的，不在此列。

對於貨物載於貨櫃、墊板或者拼裝貨物的類似裝運器具內，或者裝載於車輛內運送，契約條款中明確記載，裝載於此種裝運器具內或者車輛內的貨物件數或者貨運單位數，視爲貨物之件數或者貨運單位數。未記載時，裝載於此種裝運器具內或者車輛內的貨物視爲一個貨運單位。

至於本條所規定的-計算單位，是「國際貨幣基金組織」（International Monetary Fund：IMF）[52]定義的「特別提款權」

59, or as provided in the contract of carriage, if the claimant proves that the loss resulting from the breach of the carrier's obligation under this Convention was attributable to a personal act or omission of the person claiming a right to limit done with the intent to cause such loss or recklessly and with knowledge that such loss would probably result.

52 同註三。

1944 年聯合國贊助的財金會議於美國新罕布夏州的布雷頓森林舉行。7 月 22 日，各國在會議上簽訂了成立國際貨幣基金的協議。國際貨幣基金的主要設計者是費邊社成員約翰·梅納德·凱恩斯（John Maynard Keynes），以及美國副財政部長亨利·迪克特·懷特（Harry Dexter White）。協議的條款於 1945 年 12 月 27 日付諸實行，1946 年 5 月國際貨幣基金組織（International Monetary Fund：IMF）正式成立，是爲二戰完結後之重建計劃的一部份，1947 年 3 月 1 日正式運作。有時國際貨幣基金、國際清算銀行（BIS）及世界銀行，被稱爲「布雷頓森林機構」。職責是監察貨幣匯率和各國貿易情況、提供技術和資

（Special Drawing Right：SDR）[53]。而本條規定的限額，須

金協助，確保全球金融制度運作正常；其總部設在華盛頓。

國際貨幣基金是一「擁有 186 個會員國，致力於促進全球金融合作、加強金融穩定、推動國際貿易、增進高就業率、經濟穩定成長以及降低貧窮的組織」，目前只有聯合國成員國（除北韓、列支敦斯登、古巴、安道爾、摩納哥、吐瓦魯，委內瑞拉和諾魯之外）有權成為國際貨幣基金組織會員，但部份領土爭議的地區（巴勒斯坦自治政府等地）不包含在內。

國際貨幣基金的最高權力機構是理事會，每位成員地區有正、副理事代表，通常是本國的財政部長或中央銀行行長。理事會於每年 9 月舉行一次會議，各成員的投票權按其繳納基金多少來決定。

執行董事會由理事會委託，行使理事會的權力，處理日常事務。該會由 24 名執行董事組成，每兩年選舉一次，設有 1 名總裁和 3 名副總裁，總監任期 5 年，由執行董事會推選，可以連任。執行董事由美國、英國、法國、德國、日本任命，其餘由其他成員組成的選區選舉產生。國際貨幣基金的臨時委員會，被看作是國際貨幣基金組織的決策和指導機構。該會主要的工作是協調政策合作，特別是制訂中期戰略。該會由 24 名執行董事組成。國際貨幣基金組織每年與世界銀行共同舉行年會。網址：

http://zh.wikipedia.org/zh-tw/%E5%9C%8B%E9%9A%9B%E8%B2%A8%E5%B9%A3%E5%9F%BA%E9%87%91%E7%B5%84%E7%B9%94

53 特別提款權（Special Drawing Right：SDR）是國際貨幣基金組織創設的一種儲備資產和記賬單位，亦稱"紙黃金（Paper Gold）"。它是基金組織分配給會員國的一種使用資金的權利。會員國在發生國際收支逆差時，可用它向基金組織指定的其他會員國換取外匯，以償付國際收支逆差或償還基金組織的貸款，還可與黃金、自由兌換貨幣一樣充當國際儲備。但由於其只是一種記帳單位，不是真正貨幣，使用時必須先換成其他貨幣，不能直接用於貿易或非貿易的支付。因為它是國際貨幣基金組織原有的普通提款權以外的一種補充，所以稱為特別提款權（SDR）。

按國際貨幣基金組織協定的規定，基金組織的會員國都可以自願參加特別提款權的分配，成為特別提款帳戶參加國。會員國也可不參加，參加後如要退出，只需事先以書面通知，就可隨時退出。

基金組織規定，每 5 年為一個分配特別提款權的基本期。第 24 屆基金年會決定了第一次分配期，即自 1970 年至 1972 年，發行 95 億特別提款單位，按會員國所攤付的基金份額的比例進行分配，份額越大，分配得越多。這次工業國共分得 69.97 億，佔總額的 74.05%。其

中美國分得最多，爲 22.94 億，佔總額的 24.63%。這種分配方法使急需資金的發展中國家分得最少，而發達國家則分得大部分。發展中國家對此非常不滿，一直要求改變這種不公正的分配方法，要求把特別提款權與援助聯繫起來，並要求增加它們在基金組織中的份額，以便可多分得一些特別提款權。

特別提款權的用途是：參加國分得特別提款權以後，即列爲本國儲備資產，如果發生國際收支逆差即可動用。使用特別提款權時需通過國際貨幣基金組織，由它指定一個參加國接受特別提款權，並提供可自由使用的貨幣，主要是美元、歐元、日元和英鎊。還可以直接用特別提款權償付國際貨幣基金組織的貸款和支付利息費用；參加國之間只要雙方同意，也可直接使用特別提款權提供和償還貸款，進行贈予，以及用於遠期交易和借款擔保等各項金融業務。

特別提款權的利息開始時較低，1970 年間僅爲 1.5%，1974 年 6 月起提高到 5%。以後，特別提款權利率的計算方法，大致是根據美、德、日、英、法 5 國金融市場短期利率加權平均計算而得，每季度調整一次。

特別提款權創立初期，它的價值由含金量決定，當時規定 35 特別提款權單位等於 1 盎司黃金，即與美元等值。1971 年 12 月 18 日，美元第一次貶值，而特別提款權的含金量未動，因此 1 個特別提款權就上升爲 1.08571 美元。

1973 年 2 月 12 日美元第二次貶值，特別提款權含金量仍未變化，1個特別提款權再上升爲 1.20635 美元。1973 年西方主要國家的貨幣紛紛與美元脫鉤，實行浮動匯率以後，匯價不斷發生變化，而特別提款權同美元的比價仍固定在每單位等於 1.20635 美元的水準上，特別提款權對其他貨幣的比價，都是按美元對其他貨幣的匯率來套算的，特別提款權完全失去了獨立性，引起許多國家不滿。20 國委員會主張用一籃子貨幣作爲特別提款權的定值標準。

1974 年 7 月，基金組織正式宣佈特別提款權與黃金脫鉤，改用 "一籃子" 16 種貨幣作爲定值標準。這 16 種貨幣包括截至 1972 年的前 5 年中在世界商品和勞務出口總額中佔 1%以上的成員國的貨幣。除美元外，還有聯邦德國馬克、日元、英鎊、法國法郎、加拿大元、義大利里拉、荷蘭盾、比利時法郎、瑞典克朗、澳大利亞元、挪威克郎、丹麥克郎、西班牙比塞塔、南非蘭特以及奧地利先令。每天依照外匯行市變化，公佈特別提款權的牌價。

1976 年 7 月基金組織對 "一籃子" 中的貨幣作了調整，去掉丹麥克郎和南非蘭特，代之以沙烏地阿拉伯裏亞爾和伊朗裏亞爾，對 "一籃子" 中的貨幣所佔比重也作了適當調整。爲了簡化特別提款權的定值

按照一國國家貨幣在判決日或者裁決日，或者在當事人約定
日的幣值折算成該國貨幣。對於一締約國是「國際貨幣基金
組織」成員國時，該國貨幣對「特別提款權」的比價，須按
照「國際貨幣基金組織」當日對其業務和交易實行的計價換
算方法計算。一締約國不是「國際貨幣基金組織」成員國時，
該國貨幣對「特別提款權」的比價，須按照該國確定的方式
計算。

（四）運送人的免責事由

依照「鹿特丹規則」第十七條第三項之規定[54]，除證明

方法，增強特別提款權的吸引力。

1980 年 9 月 18 日，基金組織又宣佈將組成"一籃子"的貨幣，簡化
為 5 種西方國家貨幣，即美元、聯邦德國馬克、日元、法國法郎和英
鎊，它們在特別提款權中所佔比重分別為 42%、19%、13%、13%、
13%。1987 年，貨幣籃子中 5 種貨幣權數依次調整為 42%、19%、15%、
12%、12%

54　Article 17 Basis of liability
....

3.The carrier is also relieved of all or part of its liability pursuant to
paragraph 1 of this article if, alternatively to proving the absence of fault
as provided in paragraph 2 of this article, it proves that one or more of
the following events or circumstances caused or contributed to the loss,
damage, or delay:

（a）Act of God;

（b）Perils, dangers, and accidents of the sea or other navigable waters;

（c）War, hostilities, armed conflict, piracy, terrorism, riots, and civil
commotions;

（d）Quarantine restrictions; interference by or impediments created by
governments, public authorities, rulers, or people including detention,
arrest, or seizure not attributable to the carrier or any person referred to
in article 18;

（e）Strikes, lockouts, stoppages, or restraints of labour;

不存在本條第 2 項規定的過失之外，如果運送人證明下列一種或者數種事件或者情形直接造成、促成了滅失、毀損或者遲延交付，也可免除運送人依照本條第 1 項規定所負的全部或者部分賠償責任：

（a）　天災；

（b）　海上或者其他通航水域的風險、危險和事故；

（c）　戰爭、敵對行動、武裝衝突、海盜、恐怖活動、暴亂和民變；

（d）　檢疫限制；政府、公共當局、統治者或者人民的干涉或者造成的障礙，包括非由運送人或者第 18 條所述的任何人所造成的滯留、扣留或者扣押；

（e）　罷工、關廠、停工或者勞動受限；

（f）Fire on the ship;

（g）Latent defects not discoverable by due diligence;

（h）Act or omission of the shipper, the documentary shipper, the controlling party, or any other person for whose acts the shipper or the documentary shipper is liable pursuant to article 33 or 34;

（i）Loading, handling, stowing, or unloading of the goods performed pursuant to an agreement in accordance with article 13, paragraph 2, unless the carrier or a performing party performs such activity on behalf of the shipper, the documentary shipper or the consignee;

（j）Wastage in bulk or weight or any other loss or damage arising from inherent defect, quality, or vice of the goods;

（k）Insufficiency or defective condition of packing or marking not performed by or on behalf of the carrier;

（l）Saving or attempting to save life at sea;

（m）Reasonable measures to save or attempt to save property at sea;

（n）Reasonable measures to avoid or attempt to avoid damage to the environment; or

（o）Acts of the carrier in pursuance of the powers conferred by articles 15 and 16.

（f）　船上發生火災；

（g）　通過合理的謹慎無法發現的潛在缺陷；

（h）　託運人、單證託運人、控制人或者根據第 33 條
　　　 或者第 34 條託運人或者單證託運人對其作為承
　　　 擔責任的其他任何人的作為或者不作為；

（i）　按照第 13 條第 2 項所述之約定而進行的貨物裝
　　　 載、操作、堆存或者卸載，除非運送人或者履約
　　　 人代表託運人、單證託運人或者收貨人實施此項
　　　 活動；

（j）　由於貨物固有缺陷、品質或者瑕疵而造成的數量
　　　 或者重量減少或者其他任何滅失或者毀損；

（k）　非由運送人或者代其行事的人所做包裝不良或
　　　 者標誌欠缺、不清；

（l）　海上救助或者意圖救助人命；

（m）海上救助或者意圖救助財產的合理措施；

（n）　避免或者意圖避免對環境造成危害的合理措
　　　 施；或者

（o）　運送人根據第 15 條和第 16 條所賦權利的作為。

　　依照「鹿特丹規則」第二十四條之規定[55]，偏航雖依照
準據法構成違反運送人義務，但此種偏航本身不得剝奪本公

---

55 Article 24 Deviation
　　When pursuant to applicable law a deviation constitutes a breach of the
　　carrier's obligations, such deviation of itself shall not deprive the carrier
　　or a maritime performing party of any defence or limitation of this
　　Convention, except to the extent provided in article 61.

約為運送人或者海運履約人提供的任何抗辯或者賠償責任限制。但依照第 61 條規定的情形除外。換言之，在不違反第六十一條之規定下，即可主張免除賠償責任或是賠償責任限額。

依照「鹿特丹規則」第二十五條第一項[56]根據法律的規定進行甲板運送或者甲板運送符合運送契約或者相關行業的習慣、慣例者，運送人對於甲板載運貨物涉及的特殊風險所造成的貨物滅失、毀損或者遲延交付，不負賠償責任。

依照「鹿特丹規則」第八十一條之規定[57]，運送人運送

---

56 Article 25 Deck cargo on ships
1.Goods may be carried on the deck of a ship only if:
（a）Such carriage is required by law;
（b）They are carried in or on containers or vehicles that are fit for deck carriage, and the decks are specially fitted to carry such containers or vehicles; or
（c）The carriage on deck is in accordance with the contract of carriage, or the customs, usages or practices of the trade in question.
57 Article 81 Special rules for live animals and certain other goods
Notwithstanding article 79 and without prejudice to article 80, the contract of carriage may exclude or limit the obligations or the liability of both the carrier and a maritime performing party if:
（a）The goods are live animals, but any such exclusion or limitation will not be effective if the claimant proves that the loss of or damage to the goods, or delay in delivery, resulted from an act or omission of the carrier or of a person referred to in article 18, done with the intent to cause such loss of or damage to the goods or such loss due to delay or done recklessly and with knowledge that such loss or damage or such loss due to delay would probably result; or
（b）The character or condition of the goods or the circumstances and terms and conditions under which the carriage is to be performed are such as reasonably to justify a special agreement, provided that such contract of carriage is not related to ordinary commercial shipments made in the ordinary course of trade and that no negotiable transport document or negotiable electronic transport record is issued for the carriage of the goods.

之貨物是活動物，雖有第 79 條[58]的規定，但在不影響第 80 條[59]的情況下，運送契約可以排除或者限制運送人和海運履

---

58 第七十九條規定：一般規定

　1.除非本公約另有規定，運輸合同中的條款，凡有下列情形之一的，一概無效：

　（a）直接或者間接，排除或者限制承運人或者海運履約方在本公約下所承擔的義務；

　（b）直接或者間接，排除或者限制承運人或者海運履約方對違反本公約下的義務所負的賠償責任；或者

　（c）將貨物的保險利益轉讓給承運人或者第 18 條述及的人。

　2.除非本公約另有規定，運輸合同中的條款，凡有下列情形之一的，一概無效：

　（a）直接或者間接，排除、限制或者增加托運人、收貨人、控制方、持有人或者單證托運人在本公約下所承擔的義務；或者

　（b）直接或者間接，排除、限制或者增加托運人、收貨人、控制方、持有人或者單證托運人對違反本公約下任何義務所負的賠償責任。

Article 79 General provisions

1.Unless otherwise provided in this Convention, any term in a contract of carriage is void to the extent that it:

（a）Directly or indirectly excludes or limits the obligations of the carrier or a maritime performing party under this Convention;

（b）Directly or indirectly excludes or limits the liability of the carrier or a maritime performing party for breach of an obligation under this Convention; or

（c）Assigns a benefit of insurance of the goods in favour of the carrier or a person referred to in article 18.

2.Unless otherwise provided in this Convention, any term in a contract of carriage is void to the extent that it:

（a）Directly or indirectly excludes, limits or increases the obligations under this Convention of the shipper, consignee, controlling party, holder or documentary shipper; or

（b）Directly or indirectly excludes, limits or increases the liability of the shipper, consignee, controlling party, holder or documentary shipper for breach of any of its obligations under this Convention.

59 第八十條規定：批量合同特別規則

　1.雖有第 79 條的規定，在承運人與托運人之間，本公約所適用的批量合同可以約定增加或者減少本公約中規定的權利、義務和賠償責任。

　2. 根據本條第 1 款作出的背離，僅在下列情況下具有約束力：

（a）批量合同載有一則該批量合同背離本公約的明確聲明；

（b）批量合同（i）是單獨協商訂立的，或者（ii）明確指出批量合同中載有背離內容的部分；

（c）給予了托運人按照符合本公約的條款和條件訂立運輸合同，而不根據本條作出任何背離的機會，且向托運人通知了此種機會；並且

（d）背離既不是（i）以提及方式從另一檔併入，也不是（ii）包含在不經協商的附合合同中。

3.承運人的公開運價表和服務表、運輸單證、電子運輸記錄或者類似檔不是本條第 1 款所指的批量合同，但批量合同可以通過提及方式併入此類檔，將其作爲合同條款。

4.本條第 1 款既不適用於第 14 條第（a）項和第（b）項、第 29 條和第 32 條中規定的權利和義務或者因違反這些規定而產生的賠償責任，也不適用於因第 61 條述及的作爲或者不作爲而產生的任何賠償責任。

5.批量合同滿足本條第 2 款要求的，其中背離本公約的條款，須滿足下列條件，方能在承運人與非托運人的其他任何人之間適用：

（a）該人已收到明確記載該批量合同背離本公約的資訊，且已明確同意受此種背離的約束；並且

（b）此種同意不單在承運人的公開運價表和服務表、運輸單證或者電子運輸記錄上載明。

6.一方當事人對背離本公約主張利益，負有證明背離本公約的各項條件已得到滿足的舉證責任。

Article 80 Special rules for volume contracts

1.Notwithstanding article 79, as between the carrier and the shipper, a volume contract to which this Convention applies may provide for greater or lesser rights, obligations and liabilities than those imposed by this Convention.

2.A derogation pursuant to paragraph 1 of this article is binding only when:

（a）The volume contract contains a prominent statement that it derogates from this Convention;

（b）The volume contract is（i）individually negotiated or（ii）prominently specifies the sections of the volume contract containing the derogations;

（c）The shipper is given an opportunity and notice of the opportunity to conclude a contract of carriage on terms and conditions that comply with this Convention without any derogation under this article; and

（d）The derogation is neither（i）incorporated by reference from another document nor（ii）included in a contract of adhesion that is not subject to negotiation.

3.A carrier's public schedule of prices and services, transport document,

約人的義務或者賠償責任；但如果索賠人能證明，貨物滅失、
毀損或者遲延交付，是由於運送人或者第 18 條[60]所述的人，
其故意造成此種貨物滅失、毀損或者此種遲延損失的作為或

---

electronic transport record or similar document is not a volume contract pursuant to paragraph 1 of this article, but a volume contract may incorporate such documents by reference as terms of the contract.

4. \Paragraph 1 of this article does not apply to rights and obligations provided in articles 14, subparagraphs （a） and （b）, 29 and 32 or to liability arising from the breach thereof, nor does it apply to any liability arising from an act or omission referred to in article 61.

5. The terms of the volume contract that derogate from this Convention, if the volume contract satisfies the requirements of paragraph 2 of this article, apply between the carrier and any person other than the shipper provided that:

（a）Such person received information that prominently states that the volume contract derogates from this Convention and gave its express consent to be bound by such derogations; and

（b）Such consent is not solely set forth in a carrier's public schedule of prices and services, transport document or electronic transport record.

6. The party claiming the benefit of the derogation bears the burden of proof that the conditions for derogation have been fulfilled.

60 第十八條規定：下列人的作為或者不作為違反本公約對承運人規定的
義務，承運人應當負賠償責任：
（a）任何履約方；
（b）船長或者船員；
（c）承運人的受雇人或者履約方的受雇人；或者
（d）履行或者承諾履行運輸合同規定的承運人義務的其他任何人，
以該人按照承運人的要求，或者在承運人的監督或者控制下直接或者
間接作為為限。
Article 18 Liability of the carrier for other persons
The carrier is liable for the breach of its obligations under this Convention caused by the acts or omissions of:
（a）Any performing party;
（b）The master or crew of the ship;
（c）Employees of the carrier or a performing party; or
（d）Any other person that performs or undertakes to perform any of the carrier's obligations under the contract of carriage, to the extent that the person acts, either directly or indirectly, at the carrier's request or under the carrier's supervision or control.

者不作爲所導致的，或者是明知可能產生此種滅失、毀損或者此種遲延損失而輕率地作爲或者不作爲所導致的，則任何此種排除或者限制責任條款之約定均屬無效。

肆、國際海上貨物運送公約之運送人責任之比較

一、運送人責任期間之比較

　　針對「海牙規則」、「威士比規則」、「漢堡規則」、「鹿特丹規則」中運送人責任期間之比較，列表如下：

海牙規則	威士比規則	漢堡規則	鹿特丹規則
1.從貨物裝載上船至卸載下船為止的期間。 2.所謂"裝載上船起至卸載下船止"可分為兩種情況： （1）是在使用船上吊桿裝卸貨物，裝載貨物時，貨物掛上船舶吊桿的吊鉤時起至卸載下貨時貨物脫離吊鉤時為止，即「鉤至鉤」期間。	1.從貨物裝載上船至卸載下船為止的期間。 2.所謂"裝載上船起至卸載下船止"可分為兩種情況： （1）是在使用船上吊桿裝卸貨物，裝載貨物時，貨物掛上船舶吊桿的吊鉤時起至卸載下貨時貨物脫離吊鉤時為止，即「鉤至鉤」期間。	1.運送人對於貨物在裝貨港、在運送途中及在卸貨港由其掌管的全部期間擔負責任。 2.運送人在以下所述之起迄期間視為掌管貨物： （1）自下列之人處所接收貨物之時起： Ⅰ.託運人或其代表人；或 Ⅱ.依據裝貨港適用的法律或規	1.運送人的責任期間為： （1）運送人依照本公約對貨物的責任期間，自運送人或者履約人為運送之目的接收貨物之時開始，至交付貨物之時止。 （2） Ⅰ.收貨地的法律或者條例要求將貨物交給某當局或者其他協力廠商，運送人可以

（2）是使用岸上起重機裝卸，則以貨物越過船舷爲界，即「舷至舷」期間由運送人應對貨物之毀損、滅失負責。	（2）是使用岸上起重機裝卸，則以貨物越過船舷爲界，即「舷至舷」期間由運送人應對貨物之毀損、滅失負責。	章，貨物必須交其裝船的當局或其他第三人； （2）其他依以下方式交付貨物之時爲止： Ⅰ.把貨物交給收貨人；或 Ⅱ.收貨人不自運送人收受貨物時，按照契約或卸貨港適用的法律或特定行業習慣，把貨物留給收貨人處置；或 Ⅲ.把貨物交給依據卸貨港適用的法律或規章貨物必須交給的當局或其他第三人。 3.「漢堡規則」第四條第一項及第二項規定，運送人對貨物的責任期間包括在裝貨港、在運輸途中以及在卸貨港，貨物在承運人掌管的全部期間。即運送人的責任期間從運送人接管貨物時起到交付貨物時止。即其責任期間擴展	該當局或者該其他協力廠商提取貨物的，運送人責任期間自運送人從當局或從該其他協力廠商提取貨物時開始。 Ⅱ.交貨地的法律或者條例要求將貨物交給某當局或者其他協力廠商，收貨人可以從該當局或者該其他協力廠商提取貨物的，運送人責任期間至運送人將貨物該當局或者該其他協力廠商時終止。 （3）爲確定運送人責任期間，各方當事人可以約定接收和交付貨物的時間和地點，但運送契約條款有下列即爲無效： Ⅰ.接收貨物的時間是在根據運送契約開始接受貨物後，或者 Ⅱ.交付貨物的時間是在根據運送契約完成卸載貨

		到「港至港」期間。。	物之前。
			據此，鹿特丹規則之適用期間及責任期，包括運送人整個貨物保管期間，包括收貨迄交貨為止之期間，責任以運送人是否負責保管貨物為主，因此排除貨物依當地規定應交予主管機關之期間。

　　由上表可得知，「海牙規則」與「威士比規則」對於運送人責任期間，均採取散雜貨運送 ——「鉤至鉤」（tackle to tackle）期間，即貨物裝載掛鉤後由運送人開始承擔責任，至貨物抵達目的港卸載卸鉤時為止，運送人解除責任；貨櫃運送-「舷至舷」（board to board）期間，即貨櫃裝載時，起重機吊掛貨櫃過船舷時起由運送人開始承擔責任，至貨櫃於目的港由起重機卸載吊掛貨櫃過船舷時止，運送人解除責任。

　　至於「漢堡規則」對於運送人責任期間，以貨物在裝貨港、在運送途中及在卸貨港由其掌管的全部期間承擔責任。即運送人的責任期間從運送人接收貨物時起到交付貨物時止，責任期間擴展 ——「港至港」（port to port）期間。

　　「鹿特丹規則」對於運送人責任期間，自運送人或者履約方為運送之目的而接收貨物時開始，至貨物交付時終止，責任期間擴展-「門至門」（door to door）期間。

　　因此，伴隨著國際貿易之興盛，對於顧客（即託運人）服務之提升，以及因應航運同業間競爭之壓力，致使海上運送之運送人責任期間不斷延伸，終至演變爲「門至門」（door to door）期間。

二、運送人最低限度義務之比較

　　針對「海牙規則」、「威士比規則」、「漢堡規則」、「鹿特丹規則」中運送人之最低限度義務之比較，列表如下：

海牙規則	威士比規則	漢堡規則	鹿特丹規則
1.運送人必須在開航前和開航時，謹慎處理，使航船處於適航狀態，妥善配備合格船員，裝備船舶和配備供應品；使貨艙、冷藏艙和該船其他載貨處所能適當而安全地接受、載運和保管貨物。即所謂「船舶適航性」之維持。	1.承運人必須在開航前和開航時，謹慎處理，使航船處於適航狀態，妥善配備合格船員，裝備船舶和配備供應品；使貨艙、冷藏艙和該船其他載貨處所能適當而安全地接受、載運和保管貨物。即所謂「船舶適航性」之維持。 2.運送人對於貨物應妥善地和謹	1.船舶適航性及照料貨物之責任未予明訂。 2.第五條規定，運送人對於貨物的滅失或毀損以及遲延交付所引起的損害，如導致滅失、損毀或遲延交付的事件發生於第四條所訂明的貨物由運送人掌管的期間，須負賠償責任。 3. （1）運送人對於	1.運送人特別適用於海上航程的義務爲，運送人必須在開航前、開航時和海上航程中謹慎處理： （1）使船舶處於且保持適航狀態； （2）妥善配備船員、裝備船舶和補給供應品，且在整個航程中保持此種配備、裝備和補給；並且

2.運送人對於貨物應妥善地和謹慎地裝載、操作、堆存、運送、保管、照料與卸載。 3.運送人基於自己的故意或過失行為致貨物有滅失、毀損時，應負賠償責任。	慎地裝載、操作、堆存、運送、保管、照料與卸載。 3.運送人基於自己的故意或過失行為致貨物有滅失、毀損時，應負賠償責任。	以下的貨物滅失、損毀或遲延交付，負賠償責任： I.因火災而引致的貨物的滅失、損毀或遲延交付，如索賠人能證明火災是由於運送人、或其受雇人、代理人的故意或過失所致。 II.索賠人能證明由於運送人、或其受雇人、代理人在採取可以合理要求的一切措施以撲滅火災和防止或減輕其後果方面的故意或過失而引起的滅失、損毀或遲延交付。 （2）於船上發生火災而影響到貨物時，如果索賠人或運送人要求，必須按照航運習慣，對火災的起因和情況進行調查，調查人員的報告副本應依規定送交運送	（3）使貨艙、船舶所有其他載貨處所和由運送人提供的載貨貨櫃適於且能安全接收、運輸和保管貨物，且保持此種狀態。 2.運送人應當妥善而謹慎地接收、裝載、操作、堆存、運輸、保管、照料、卸載並交付貨物。 3.第十七條第一項規定，如果索賠人能證明，貨物滅失、毀損或者遲延交付，或者直接造成、促成了滅失、毀損或者遲延交付的事件或者情形是在第 4 章規定的運送人責任期間內發生時，運送人應當對貨物滅失、毀損和遲延交付負賠償責任。 4.第十七條第五

		人和索賠人。 4.關於活的動物，經證明滅失、損毀或遲延交付的全部或一部是由於運送人、或其受雇人、代理人的故意或過失所造成者，應負賠償責任。 5.運送人、或其受雇人、代理人的故意或過失與另一原因結合而產生滅失、損毀或遲延交付時，運送人僅對於滅失、損毀或遲延交付可以歸責於此種故事或過失的限度內負賠償責任，但運送人須證明不可歸因於此種故意或過失所致滅失、損毀或遲延交付的數額。	項規定，運送人雖具有本條第三項規定（免責事由），但在下列情況下，應對貨物之滅失、毀損或者遲延交付的全部或者部分負賠償責任： （1）索賠人能證明直接造成、或者可能造成，促成或者可能促成滅失、毀損或者遲延交付的原因是： Ⅰ.船舶不適航； Ⅱ.配備船員、裝備船舶和補給供應品不當；或者 Ⅲ.貨艙、船舶其他載貨處所或者由承運人提供的載貨貨櫃不適於且不能安全接收、運送和保管貨物；並且 （2）運送人無法證明： Ⅰ.造成滅失、毀損或者遲延交

			付的原因不是本條第五項第（1）款述及的任何事件或者情形；或者 II.運送人遵守了第 14 條所規定的合理謹慎義務。5.第十八條之規定，運送人尚須對於下列之人的作為或者不作為，致違反本公約對運送人規定的義務時，運送人應當負賠償責任：（1）任何履約人；（2）船長或者船員；（3）運送人的受雇人或者履約人的受雇人；或者（4）履行或者承諾履行運送契約條款的運送人義務的其他任何人，以及該人依照運送人的要求，或者在運送人的監

			督或者控制下直接或者間接之作為為限。 6.第二十五條之規定，運送人對於甲板運送須僅限於下列情形： （1）根據法律的要求進行此種運送； （2）貨物載於適合甲板運送的貨櫃內或者車輛內，而甲板專門適於載運此類貨櫃或者車輛；或者 （3）甲板運送符合運送契約或者相關行業的習慣、慣例。倘若違反時，對於完全由於甲板載運貨物所造成的貨物滅失、毀損或者遲延交付，運送人應負賠償責任，且無權享有第十七條規定的抗辯權利。

　　由上表可得知,「海牙規則」與「威士比規則」對於運送人最低限度義務責任採取發航前及發航時之「維持船舶適航性」與發航後至交貨時之「維持貨物照料」的分階段義務方式,違反義務者將承擔賠償責任,並且僅對於貨物之滅失、損毀負其責任。

　　至於「漢堡規則」對於船舶適航性及照料貨物之責任未予明訂,但此並非漏未規定,而係認為在第五條所規定之運送人對於貨物的滅失、損毀或遲延交付所引起的損害,如導致滅失、損毀或遲延交付的事件發生於第四條所訂明的貨物由運送人掌管的期間,須負賠償責任即足以表明運送人所負最低限度之義務,不須明訂而採「默示原則」。同時,對於貨物之滅失、損毀或遲延交付應負其責任,較「海牙規則」與「威士比規則」多承擔「遲延交付」之責任。

　　「鹿特丹規則」對於運送人最低限度義務責任亦採取分階段義務方式,即運送人必須在開航前、開航時和海上航程中謹慎處理:

　　1.使船舶處於且保持適航狀態;

　　2.妥善配備船員、裝備船舶和補給供應品,且在整個航程中保持此種配備、裝備和補給;並且

　　3.使貨艙、船舶所有其他載貨處所和由運送人提供的載貨貨櫃適於且能安全接收、運輸和保管貨物,且保持此種狀態。

　　同時,運送人應當妥善而謹慎地接收、裝載、操作、堆存、運輸、保管、照料、卸載並交付貨物。其中,「鹿特丹

規則」對於「維持船舶適航性」之最低限度義務，由海牙規則、威士比規則、默示之漢堡規則採取的「發航前及發航時」延伸擴大至「海上航程中」，無異增加運送人之最低限度責任。另一方面，運送人對於貨物之滅失、損毀或遲延交付應負其責任，此與「漢堡規則」相同，但比「海牙規則」與「威士比規則」多承擔「遲延交付」之責任。

三、運送人賠償責任限額之比較

針對「海牙規則」、「威士比規則」、「漢堡規則」、「鹿特丹規則」中運送人賠償責任限額之比較，列表如下：

海牙規則	威士比規則	漢堡規則	鹿特丹規則
不論運送人或船舶，在任何情況下，對貨物或與貨物有關的滅失或毀損，每件或每單位超過100英鎊或與其等值的其他貨幣時，在任何情況下都不負責；但託運人於裝貨前已就該項貨物的性質和價值提出聲	1.除非在裝貨前，託運人已聲明該貨物的性質和價值，並記載於載貨證券，否則，在任何情況下，運送人或船舶對貨物所遭受的或有關的任何滅失或毀損，每件或每單位的金額超過 10,000 法郎的部分，或	1.運送人按照第五條的規定對於貨物的滅失或毀損引起的損害所負的賠償責任，限於相當於所滅失或毀損的貨物每包或其他貨運單位835記帳單位或總重量每公斤2.5記帳單位的數額，以較高的數額為準。	1.對於貨物滅失或者毀損之賠償額計算，按照下列標準計算：（1）除第59條另有規定外，運送人對貨物滅失或者毀損應支付的賠償額，按照貨物在依照第43條確定的交貨地和交貨時間的價值計算。

明，並已在載貨證券上記載者，不在此限。	按滅失或毀損的貨物每公斤淨重超過 30 法郎的部分，均不負責任，兩者以較高的金額為準。 2. （1）全部賠償總額應依照貨物運送契約從船上卸下或應卸下的當地當時的價值計算。 （2）貨物價值應按照商品交易價格確定，或者如商品交易價格時，則按現行市場價格確定，或者 （3）如既無商品交易所價格又無現行市場價格時，則按照同種類、同品質貨物的一般價值確定。 3.如果貨物是用貨櫃、托盤或類似的裝運器具拼裝時，載貨證券中所載明的、裝在這種裝	2.運送人按照第五條的規定對於遲延交付所負的賠償責任，限於相當於對遲延交付的貨物所應支付費用 2.5 倍的數額，但不得超過按照海上貨物運送契約所應支付的運費總額。 3.運送人根據前二項的賠償總額，不得超過根據第一項對於貨物全部滅失所應負的全部賠償責任限額。 4.為計算按照本條第一項規定之哪一個數額較高的目的，應適用下列規則： （1）使用貨櫃、托盤或類似載貨之物件而併裝貨物時，載貨證券內或未發給載貨證券時作為海上運送契約證明的任何其他文件	（2）貨物價值根據商品交易價格確定，無商品交易價格時，按照其市場價格確定，既無商品交易價格又無市場價格的，按照交貨地同種類、同品質貨物的一般價值確定。 （3）貨物發生滅失或者毀損的，運送人對超出上述（1）和（2）所規定的賠償額，不負任何賠償責任，除非運送人與託運人在第 16 章的限額內約定了賠償額的不同計算方法。 2.運送人之賠償責任限額規定，除第 60 條以及第 61 條第一項另有規定外，運送人對於違反本公約對其規定的義務所負賠償責任的限額，按照索

	運器具中的件數或單位數,應視爲就本款所指的件數或單位數;除上述情況外,應視爲此種裝運器具即是件或單位。 4.一個法郎是指一個含有純度爲千分之900的黃金65.5毫克的單位。 5.裁決的賠償數額兌換成國家貨幣的日期,應由受理該案法院的法律規定。	內,列明包裝在這種載貨物件內的包或其他貨運單位視爲一個包或貨運單位。除上述情況外,這種載貨物件內的貨物視爲一個貨運單位。 (2)於載貨物件本身滅失或毀損時,如該載貨物件並非運送人所擁有或供給,則視爲一個單獨的貨運單位。 5.記帳單位是指第二十六條所述的「記帳單位」(即國際貨幣基金組織所規定的特別提款權「Special Drawing Right; SDR」)。 6.運送人和託運人可以以協議訂定超過第一項所規定的責任限額。	賠或者爭議所涉貨物的件數或者其他貨運單位計算,每件或者每個其他貨運單位以875個計算單位計算,或者按照索賠或者爭議所涉貨物的淨重計算,每公斤爲3個計算單位,以兩者中較高限額爲準,但貨物價值已由託運人申報且在契約條款中載明的,或者運送人與託運人已另行約定高於本條所規定的賠償責任限額的,不在此限。 3.對於貨物裝載於貨櫃、托盤或者拼裝貨物的類似裝運器具內,或者裝載於車輛內運送者,契約條款中明確記載,裝載於此種裝運之器具內或者車輛內的貨物件

			數或者貨運單位數，視爲貨物件數或者貨運單位數。未記載者，裝載於此種裝運之器具內或者車輛內的貨物視爲一個貨運單位。 4.至於本條述及的計算單位，是國際貨幣基金組織定義的特別提款權「　　Special Drawing Right：SDR」。 5.本條規定的限額，須按照一國國家貨幣在判決日或者裁決日，或者在當事人約定日的幣值折算成該國貨幣。 6.對於一締約國是國際貨幣基金組織之成員國，該國貨幣對特別提款權的比價，須按照國際貨幣基金組織當日對其業務和交易實行

| | | | 的計價換算方法計算。
7.一締約國不是國際貨幣基金組織之成員國，該國貨幣對特別提款權的比價，須按照該國確定的方式計算。
8.除第 61 條第 2 款另有規定外，對遲延交付造成貨物滅失或者毀損的賠償額，應當按照第 22 條計算，對遲延交付造成經濟損失的賠償責任限額，是相當於遲交貨物應付運費 2.5 倍的數額。根據本條以及第 59 條第 1 項確定的賠付總額，不得超過所涉貨物全損時根據第 59 條第 1 項確定的限額。 |

　　由上表可得知，「海牙規則」對於運送人賠償責任之限額，主要係規定貨物之滅失或毀損以每件或每單位以 100 英鎊或其他等值貨幣作為最高賠償額度。

　　「威士比規則」則以貨物之滅失或毀損，以每件或每單位以 10,000 金法郎，或者以每公斤（淨重）30 金法郎，兩者以較高的金額為準，作為最高賠償額度。

　　「漢堡規則」係以貨物之滅失或毀損以每包或其他貨運單位以 835 SDR 計算或以每公斤（總重量）2.5 SDR 數額計算，兩者以較高的金額為準，作為最高賠償額度；對於貨物之遲延交付賠償責任，限於相當於對遲延交付的貨物所應支付費用 2.5 倍的數額，但不得超過按照海上貨物運送契約所應支付的運費總額。

　　「鹿特丹規則」係以貨物之滅失或毀損以每件或者每個其他貨運單位以 875 SDR 計算，或者以每公斤（淨重）3 SDR 計算，以兩者中較高之金額為準，作為最高賠償之額度；至於貨物之遲延交付賠償責任，限於相當於對遲延交付的貨物所應支付費用 2.5 倍的數額，但不得超過按照海上貨物運送契約所應支付的運費總額。

四、運送人免責事由之比較

　　針對「海牙規則」、「威士比規則」、「漢堡規則」、「鹿特丹規則」中運送人免責事由之比較，列表如下：

海牙規則	威士比規則	漢堡規則	鹿特丹規則
1.依照「海牙規則」第四條第二項之規定，對於運送人的免責事由作了十七款列舉規定，分別為：	1.依照「海牙規則」第四條第二項之規定，對於運送人的免責事由作了十七款列舉規定，分別為：	1.依照「漢堡規則」第五條第一項但書規定，運送人能證明本人、或其受雇人、代理人為避免該事件之發生，及其後果曾採取可能合理要求的一切措施者，不負賠償責任。	1.依照「鹿特丹規則」第十七條第 三 項 之 規定，除證明不存在本條第二項規定的過失之外，如果運送人證明下列一種或者數種事件或者情形直接造成、促成了滅失、毀損或者遲延交付，也可免除運送人依照本條第一項規定所負的全部或者部分賠償責任：
（1）船長、船員、引水員或運送人的僱用人員，在航行或管理船舶中的行為、過失或不履行義務。	（1）船長、船員、引水員或運送人的僱用人員，在航行或管理船舶中的行為、過失或不履行義務。	2.同條第四項規定，對於因火災而引致的貨物的毀損、滅失或遲延交付，如索賠人不能證明火災是由於運送人、或其受雇人、代理人的故意或過失所致者，不負賠償責任。以及索賠人不能證明貨物之毀損、滅失或遲延交付係由於運送人、或其受雇人、代理人無法採取可以合理要求的一切措施以撲滅火災和防止或	責任：
（2）火災，但由於運送人的故意或過失所引起的除外。	（2）火災，但由於運送人的故意或過失所引起的除外。		（1）天災；
（3）海上或其它可航水域的災難、危險和意外事故。	（3）海上或其它可航水域的災難、危險和意外事故。		（2）海上或者其他通航水域的風險、危險和事故；
（4）天災。	（4）天災。		（3）戰爭、敵對行動、武裝衝突、海盜、恐怖活動、暴亂和民變；
（5）戰爭行為。	（5）戰爭行為。		（4）檢疫限制；政府、公共當局、統治者或者人民的干涉或者造成的障
（6）敵對行為。	（6）敵對行為。		
（7）君主、當權者或人民的扣留或管制，或依法扣押。	（7）君主、當權者或人民的扣留或管制，或依法扣押。		
（8）檢疫限制。	（8）檢疫限制。		

（9）託運人或貨主、及其代理人或代表的行為或不行為。	（9）託運人或貨主、及其代理人或代表的行為或不行為。	減輕其後果方面的故意或過失而引起的，不負賠償責任。	礙，包括非由運送人或者第 18 條所述的任何人所造成的滯留、扣留或者扣押；
（10）不論由於任何原因所引起的局部或全面罷工、關廠停止或限制工作。	（10）不論由於任何原因所引起的局部或全面罷工、關廠停止或限制工作。	3.同條第五項規定，關於活的動物，運送人對於此類運送固有的任何特別危險所引起的毀損、滅失或遲延交付不負賠償	（5）罷工、關廠、停工或者勞動受限；
（11）暴動和騷亂。	（11）暴動和騷亂。		（6）船上發生火災；
（12）救助或企圖救助海上人命或財產。	（12）救助或企圖救助海上人命或財產。	責任。但是如果運送人能證明他已遵行託運人所給予他的關於動物的任何特別指示，而且按照實際情況，毀損、滅失或遲延交付可以歸責於此種危險時，除經證明毀損、滅失或遲延交付的全部或一部是由於運送人、或其受僱人、代理人的故意或過失所造成外，應即推定毀損、滅失或遲延交付是由於此種危險所引致。	（7）透過合理的謹慎無法發現的潛在缺陷；
（13）由於貨物的固有缺點、性質或缺陷引起的體積或重量減少，或任何其它滅失或損壞。	（13）由於貨物的固有缺點、性質或缺陷引起的體積或重量減少，或任何其它滅失或損壞。		（8）託運人、單證託運人、控制人或者根據第 33 條或者第 34 條託運人或者單證託運人對其作為承擔責任的其他任何人的作為或者不作為；
（14）包裝不固。	（14）包裝不固。		
（15）標誌不清或不當。	（15）標誌不清或不當。		（9）按照第 13 條第 2 項所述之約定而進行的貨物裝載、操作、堆存或者卸載，除非運送人或者履約人代表託運人、單證託運人或者收貨人實施此項
（16）雖善盡職責亦不能發現的潛在性瑕疵。	（16）雖善盡職責亦不能發現的潛在性瑕疵。		
（17）非由於運送人的故意或過失，或者運送人的代理人，或僱用人員的故意或過失所引起的其它任何	（17）非由於運送人的故意或過失，或者運送人的代理人，或僱用人員的故意或過失所引起的其它任何		

原因。	原因。	4.同條第六項規定，除爲分擔共同海損外，運送人對於因救助海上人命的措施或救助海上財產的合理措施而引起的毀損、滅失或遲延交付，不負賠償責任。	活動；
2.對於任何非因託運人、託運人的代理人或其受僱人的行爲、過失或疏失所引起致使運送人或船舶遭受的滅失或損壞，託運人不負責任。	2.對於任何非因託運人、託運人的代理人或其受僱人的行爲、過失或疏失所引起致使運送人或船舶遭受的滅失或損壞，託運人不負責任。		（10）由於貨物固有缺陷、品質或者瑕疵而造成的數量或者重量減少或者其他任何滅失或者毀損；
3.爲救助或企圖救助海上人命或財產而發生的偏航，或任何合理偏航，都不能作爲破壞或違反本公約或運輸契約的行爲；運送人對由此而引起的任何滅失或損害，都不負責。	3.爲救助或企圖救助海上人命或財產而發生的偏航，或任何合理偏航，都不能作爲破壞或違反本公約或運輸契約的行爲；運送人對由此而引起的任何滅失或損害，都不負責。		（11）非由運送人或者代其行事的人所做包裝不良或者標誌欠缺、不清；（12）海上救助或者意圖救助人命；（13）海上救助或者意圖救助財產的合理措施；（14）避免或者意圖避免對環境造成危害的合理措施；或者（15）運送人根據第 15 條和第 16 條所賦權利的作爲。
4.（1）運送人或是船舶，在任何情況下對貨物或與貨物有關的滅失或損害，每件或每計費單位超過一百英鎊或與其等值的其他貨幣的部分，都不	4.（1）運送人或是船舶，在任何情況下對貨物或與貨物有關的滅失或損害，每件或每計費單位超過一百英鎊或與其等值的其他貨幣的部分，都不		2.依照「鹿特丹規則」第二十四條之規定，偏航雖依照準據法構成違反運送人義務，但此種

負責；但託運人於裝貨前已就該項貨物的性質和價值提出聲明，並已在載貨證券上註明者，不在此限。（2）該項聲明如經載入載貨證券，即做為初步證據，但它對運送人並不具有約束力或最終效力。（3）經運送人、船長或運送人的代理人與託運人雙方協議，可規定不同於本款規定的另一最高限額，但該最高限額不得低於上述數額。如運送人在載貨證券上，故意謊報貨物性質或價值，則在任何情況下，運送人或是船舶，對貨物或與貨物有關的滅失或損害，都不負責。5.運送人、船長	負責；但託運人於裝貨前已就該項貨物的性質和價值提出聲明，並已在載貨證券上註明者，不在此限。（2）該項聲明如經載入載貨證券，即做為初步證據，但它對運送人並不具有約束力或最終效力。（3）經運送人、船長或運送人的代理人與託運人雙方協議，可規定不同於本款規定的另一最高限額，但該最高限額不得低於上述數額。如運送人在載貨證券上，故意謊報貨物性質或價值，則在任何情況下，運送人或是船舶，對貨物或與貨物有關的滅失或損害，都不負責。5.運送人、船長		偏航本身不得剝奪本公約為運送人或者海運履約人提供的任何抗辯或者賠償責任限制。但依照第61條賠償責任限制權的喪失規定的情形除外。換言之，在不違反第六十一條之規定下，即可主張免除賠償責任或是賠償責任限額3.依照「鹿特丹規則」第二十五條第一項規定，依照法律的規定進行甲板運送或者甲板運送符合運送契約或者相關行業的習慣、慣例者，運送人對於甲板載運貨物涉及的特殊風險所造成的貨物滅失、毀損或者遲延交付，不負賠償責任。4.依照「鹿特丹

或運送人的代理人對於事先不知性質而裝載的具有易燃、爆炸或危險性的貨物，可在卸貨前的任何時候將其卸在任何地點，或將其銷毀，或使之無害，而不予賠償；該項貨物的託運人，應對由於裝載該項貨物而直接或間接引起的一切損害或費用負責。如果運送人知道該項貨物的性質，並已同意裝載，則在該項貨物對船舶或貨載發生危險時，亦得同樣將該項貨物卸在任何地點，或將其銷毀，或使之無害，而不負賠償責任，但如果發生共同海損不在此限。	或運送人的代理人對於事先不知性質而裝載的具有易燃、爆炸或危險性的貨物，可在卸貨前的任何時候將其卸在任何地點，或將其銷毀，或使之無害，而不予賠償；該項貨物的託運人，應對由於裝載該項貨物而直接或間接引起的一切損害或費用負責。如果運送人知道該項貨物的性質，並已同意裝載，則在該項貨物對船舶或貨載發生危險時，亦得同樣將該項貨物卸在任何地點，或將其銷毀，或使之無害，而不負賠償責任，但如果發生共同海損不在此限。		規則」第八十一條之規定，運送人運送之貨物是活動物，雖有第 79 條的規定，但在不影響第 80 條的情況下，運送契約可以排除或者限制運送人和海運履約人的義務或者賠償責任；但如果索賠人能證明，貨物滅失、毀損或者遲延交付，是由於運送人或者第 18 條所述的人，其故意造成此種貨物滅失、毀損或者此種遲延損失的作為或者不作為所導致的，或者是明知可能產生此種滅失、毀損或者此種遲延損失而輕率地作為或者不作為所導致的，則任何此種排除或者限制責任條款之約定均屬無效。

　　由上表可得知，「海牙規則」與「威士比規則」對於運送人可主張之免責事由：1.第四條第二項列舉 17 項免責事由之規定外；2.對於任何非因託運人、託運人的代理人或其受僱人的行為之過失或疏忽所引起的滅失或損壞；3.為救助或企圖救助海上人命或財產而發生的偏航，或任何合理偏航，所引起的貨物任何滅失或毀損；4.故意謊報貨物性質或價值；5.事先不知性質而裝載的具有易燃、爆炸或危險性的貨物之任何滅失或毀損。

　　「漢堡規則」對於運送人可主張之免責事由：1.運送人能證明本人、或其受僱人、代理人為避免該事件之發生，及其後果曾採取可能合理要求的一切措施者；2.因火災而引致的貨物的毀損、滅失或遲延交付；3.活的動物，運送人對於此類運送固有的任何特別危險所引起的毀損、滅失或遲延交付；4. 因救助海上人命的措施或救助海上財產的合理措施而引起的毀損、滅失或遲延交付。

　　「鹿特丹規則」對於運送人可主張之免責事由：1.第十七條第三項列舉 15 項免責事由之規定；2.偏航；3.合法甲板運送或者甲板運送符合運送契約或者相關行業的習慣、慣例者；4.活動物，雖有第 79 條的規定，但在不影響第 80 條的情況下，運送契約可以排除或者限制賠償責任。

　　基此，「海牙規則」、「威士比規則」與「鹿特丹規則」均對於運送人免責事由列舉出具體的事由，其中「海牙規則」、「威士比規則」有 17 項，「鹿特丹規則」有 15 項，其比較如下表：

海牙規則、威士比規則	鹿特丹規則
船長、船員、引水人或運送人的僱用人員，在航行或管理船舶中的行爲、過失或不履行義務。	
火災，但由於運送人的故意或過失所引起的除外。	船上發生火災。
海上或其它可航水域的災難、危險和意外事故。	海上或者其他可航水域的風險、危險和事故。
天災。	天災。
戰爭行爲。	戰爭、敵對行動、武裝衝突、海盜、恐怖活動、暴亂和民變。
敵對行爲。	
暴動和騷亂。	
君主、當權者或人民的扣留或管制，或依法扣押。	檢疫限制；政府、公共當局、統治者或者人民的干涉或者造成的障礙，包括非由運送人或者第 18 條所述的任何人所造成的滯留、扣留或者扣押。
檢疫限制。	
託運人或貨主、及其代理人或代表的行爲或不行爲。	託運人、單證託運人、控制人或者根據第 33 條或者第 34 條託運人或者單證託運人對其作爲承擔責任的其他任何人的作爲或者不作爲。
不論由於任何原因所引起的局部或全面罷工、關廠停止或限制工作。	罷工、關廠、停工或者勞動受限。
救助或企圖救助海上人命或財產。	海上救助或者意圖救助人命
	海上救助或者意圖救助財產的合理措施
由於貨物的固有缺點、性質或缺陷引起的體積或重量減少，或任何其它滅失或損壞。	由於貨物固有缺陷、品質或者瑕疵而造成的數量或者重量減少或者其他任何滅失或者毀損。
包裝不固。	非由運送人或者代其行事的人所做包裝不良或者標誌欠缺、不
標誌不清或不當。	

	清。
雖善盡職責亦不能發現的潛在性瑕疵	透過合理的謹慎無法發現的潛在性瑕疵。
非由於運送人的故意或過失,或者運送人的代理人,或僱用人員的故意或過失所引起的其它任何原因。	
	按照第13條第2項所述之約定而進行的貨物裝載、操作、堆存或者卸載,除非運送人或者履約人代表託運人、單證託運人或者收貨人實施此項活動。
	避免或者意圖避免對環境造成危害的合理措施。
	運送人根據第15條和第16條所賦權利的作為。

　　反觀「漢堡規則」並無明文列舉運送人免責事由,採取「默示立法例」,以「運送人能證明本人、或其受雇人、代理人為避免該事件之發生,及其後果曾採取可能合理要求的一切措施者,不負賠償責任。」之舉證免除賠償責任方式規範之。

伍、我國海商法運送人
責任之規定

一、運送人責任期間

　　我國海商法貨物運送對於運送人責任期間之部份，雖立法當時受到「海牙規則」之影響，但並未比照「海牙規則」第一條第五款「貨物運送」的定義，明訂貨物運送的期間為從貨物裝載上船至卸載下船為止的期間。所謂「裝載上船起至卸載下船止」可分為兩種情況：一是在使用船上吊桿裝卸，裝貨時貨物掛上船舶吊桿的吊鉤時起至卸貨時貨物脫離吊鉤時為止，即「鉤至鉤」（tackle to tackle）期間。二是使用岸上起重機裝卸，則以貨物越過船舷為界，即「舷至舷」（board to board）期間運送人應對貨物之毀損、滅失負責。

　　但依我國海商法第五條之規定，「海商事件，依本法之規定，本法無規定者，適用其他法律之規定。」；依同法第一條之規定，「本法稱船舶者，謂在海上航行，或在與海相

通之水面或水中航行之船舶。」；復依第七十五條之規定，「連續運送同時涉及海上運送及其他方法之運送者，其海上運送部份適用本法之規定。貨物毀損、滅失發生時間不明者，推定其發生於海上運送階段。」

因此，我國海商法之立法明顯係採納「海牙規則」之原則，僅在規範貨物「裝載至卸載」間之海上貨物運送關係。

二、運送人最低限度之責任

依照海商法第六十二條第一項規定，運送人或船舶所有人於發航前及發航時，對於下列事項，應為必要之注意及措置：

（一）使船舶有安全航行之能力。

（二）配置船舶相當船員、設備及供應。

（三）使貨艙、冷藏室及其他供載運貨物部分適合於受載、運送與保存。

同條第二項規定，船舶於發航後因突失航行能力所致之毀損或滅失，運送人不負賠償責任。

復依海商法第六十三條規定，運送人對於承運貨物之裝載、卸載、搬移、堆存、保管、運送及看守，應為必要之注意及處置。

因此，我國海商法對於運送人責任之最低限度規定，僅要求運送人或船舶所有人於發航前及發航時須具備有「安全

航行能力」、「運航能力」與「宜載能力」，對於發航後因突失航行能力所致之毀損或滅失，運送人不負責任。

三、運送人之賠償責任限額

1.依照海商法第七十條第二項規定，運送人或船舶所有人對於貨物之毀損滅失，其賠償責任，以每件特別提款權666.67 單位或每公斤特別提款權 2 單位計算所得之金額，兩者較高者為限。

2.對於上述所稱之件數，係指貨物託運之包裝單位。其以貨櫃、墊板或其他方式併裝運送者，應以載貨證券所載其內之包裝單位為件數。但載貨證券未經載明者，以併裝單位為件數。其使用之貨櫃係由託運人提供者，貨櫃本身得作為一件計算。

3.由於運送人或船舶所有人之故意或重大過失所發生之毀損或滅失，運送人或船舶所有人不得主張責任限額之利益。

四、運送人的免責事由

1.依照海商法第六十一條規定，以件貨運送為目的之運送契約或載貨證券記載條款、條件或約定，以減輕或免除運送人或船舶所有人，對於因過失或本章規定應履行之義務而不履行，致有貨物毀損、滅失或遲到之責任者，其條款、條

件或約定不生效力。

　　據此,有關「件貨運送」(即「公共運送人」)之責任,對於運送契約或載貨證券記載條款、條件或約定,以減輕或免除運送人或船舶所有人責任,在運送人或船舶所有人之本人因過失或本章規定應履行之義務而不履行,致有貨物毀損、滅失或遲到之責任者,其條款、條件或約定不生效力。

　　2.依照海商法第六十九條之規定,因下列事由所發生之毀損或滅失,運送人或船舶所有人不負賠償責任:

（1）船長、海員、引水人或運送人之受僱人,於航行或管理船舶之行爲而有過失。

（2）海上或航路上之危險、災難或意外事故。

（3）非由於運送人本人之故意或過失所生之火災。

（4）天災。

（5）戰爭行爲。

（6）暴動。

（7）公共敵人之行爲。

（8）有權力者之拘捕、限制或依司法程序之扣押。

（9）檢疫限制。

（10）罷工或其他勞動事故。

（11）救助或意圖救助海上人命或財產。

（12）包裝不固。

（13）標誌不足或不符。

（14）因貨物之固有瑕疵、品質或特性所致之耗損或其他毀損滅失。

（15）貨物所有人、託運人或其代理人、代表人之行為或不行為。

（16）船舶雖經注意仍不能發現之隱有瑕疵。

（17）其他非因運送人或船舶所有人本人之故意或過失及非因其代理人、受僱人之過失所致者。

　3.依照海商法第七十條第一項規定，託運人於託運時故意虛報貨物之性質或價值，運送人或船舶所有人對於其貨物之毀損或滅失，不負賠償責任。

　4.依照海商法第七十一條規定，為救助或意圖救助海上人命、財產，或因其他正當理由偏航者，不得認為違反運送契約，其因而發生毀損或滅失時，船舶所有人或運送人不負賠償責任。

　5.依照海商法第七十二條規定，貨物未經船長或運送人之同意而裝載者，運送人或船舶所有人，對於其貨物之毀損或滅失，不負責任。

　6.依照海商法第七十三條規定，運送人或船長如將貨物裝載於甲板上，致生毀損或滅失時，應負賠償責任。但經託運人之同意並載明於運送契約或航運種類或商業習慣所許者，不在此限。

　7.依照海商法第七十六條規定，本節有關運送人因貨物滅失、毀損或遲到對託運人或其他第三人所得主張之抗辯及責任限制之規定，對運送人之代理人或受僱人亦得主張之。但經證明貨物之滅失、毀損或遲到，係因代理人或受僱人故意或重大過失所致者，不在此限。前項之規定，對從事商港

區域內之裝卸、搬運、保管、看守、儲存、理貨、穩固、墊艙者亦適用之。

陸、我國海商法修正之芻議

　　一、有關運送人責任期間之規定，在「海牙規則」與「威士比規則」對於運送人責任期間，均採取散雜貨運送 ──「鉤至鉤」（tackle to tackle）期間，即貨物裝載掛鉤後由運送人開始承擔責任，至貨物抵達目的港卸載卸鉤時為止，運送人解除責任；貨櫃運送-「舷至舷」（board to board）期間，即貨櫃裝載時，起重機吊掛貨櫃過船舷時起由運送人開始承擔責任，至貨櫃於目的港由起重機卸載吊掛貨櫃過船舷時止，運送人解除責任。

　　至於「漢堡規則」對於運送人責任期間，以貨物在裝貨港、在運送途中及在卸貨港由其掌管的全部期間承擔責任。即運送人的責任期間從運送人接收貨物時起到交付貨物時止，責任期間擴展 ──「港至港」（port to port）期間。

　　「鹿特丹規則」對於運送人責任期間，自運送人或者履約方為運送之目的而接收貨物時開始，至貨物交付時終止，責任期間擴展 ──「門至門」（door to door）期間。

　　至於我國海商法則並未明文訂定，雖然我國海商法之立

法明顯係採納「海牙規則」之原則，僅在規範貨物「裝載至卸載」間之海上貨物運送關係，但仍以明文規範爲宜，建議日後海商法修正時，增列「運送人對貨物之責任期間自運送人或履行人自收受運送之貨物開始至貨物交付時止。」條文規定。

二、有關運送人最低限度義務責任之規定，「海牙規則」與「威士比規則」對於運送人最低限度義務責任採取發航前及發航時之「維持船舶適航性」與發航後至交貨時之「維持貨物照料」的分階段義務方式，違反義務者將承擔賠償責任，並且儘對於貨物之滅失、損毀負其責任。

至於「漢堡規則」對於船舶適航性及照料貨物之責任未予明訂，但此並非漏未規定，而係認爲在第五條所規定之運送人對於貨物的滅失、損毀或遲延交付所引起的損害，如導致滅失、損毀或遲延交付的事件發生於第四條所訂明的貨物由運送人掌管的期間，須負賠償責任即足以表明運送人所負最低限度之義務，不須明訂而採「默示原則」。同時，對於貨物之滅失、損毀或遲延交付應負其責任，較「海牙規則」與「威士比規則」多承擔「遲延交付」之責任。

「鹿特丹規則」對於運送人最低限度義務責任亦採取分階段義務方式，即運送人必須在開航前、開航時和海上航程中謹慎處理：

（一）使船舶處於且保持適航狀態；

（二）妥善配備船員、裝備船舶和補給供應品，且在整個航程中保持此種配備、裝備和補給；並且

（三）使貨艙、船舶所有其他載貨處所和由運送人提供的載貨貨櫃適於且能安全接收、運輸和保管貨物，且保持此種狀態。

同時，運送人應當妥善而謹慎地接收、裝載、操作、堆存、運輸、保管、照料、卸載並交付貨物。

至於我國海商法對運送人最低限度義務責任，依照海商法第六十二條第一項規定，運送人或船舶所有人於發航前及發航時，對於下列事項，應為必要之注意及措置：

（一）使船舶有安全航行之能力。

（二）配置船舶相當船員、設備及供應。

（三）使貨艙、冷藏室及其他供載運貨物部分適合於受載、運送與保存。

同條第二項規定，船舶於發航後因突失航行能力所致之毀損或滅失，運送人不負賠償責任。

並依海商法第六十三條規定，運送人對於承運貨物之裝載、卸載、搬移、堆存、保管、運送及看守，應為必要之注意及處置。

建議日後海商法修正時，對於海商法第六十二條第一、二項規定修正為：

「運送人或船舶所有人於發航前、發航時及航行中，對於下列事項，應為必要之注意及措置：

（一）使船舶有安全航行之能力。

（二）配置船舶相當船員、設備及供應。

（三）使貨艙、冷藏室及其他供載運貨物部分適合於受

載、運送與保存。

　　船舶於發航後因突失航行能力所致之毀損或滅失，運送人<u>應負賠償責任</u>。」

　　三、有關運送人之賠償責任限額規定，「海牙規則」對於運送人賠償責任之限額，主要係規定貨物之滅失或毀損以每件或每單位以 100 英鎊或其他等值貨幣作為最高賠償額度。

　　「威士比規則」則以貨物之滅失或毀損，以每件或每單位以 10,000 金法郎，或者以每公斤（淨重）30 金法郎，兩者以較高的金額為準，作為最高賠償額度。

　　「漢堡規則」係以貨物之滅失或毀損以每包或其他貨運單位以 835 SDR 計算或以每公斤（總重量）2.5 SDR 數額計算，兩者以較高的金額為準，作為最高賠償額度；對於貨物之遲延交付賠償責任，限於相當於對遲延交付的貨物所應支付費用 2.5 倍的數額，但不得超過按照海上貨物運送契約所應支付的運費總額。

　　「鹿特丹規則」係以貨物之滅失或毀損以每件或者每個其他貨運單位以 875 SDR 計算，或者以每公斤（淨重）3 SDR 計算，以兩者中較高之金額為準，作為最高賠償之額度；至於貨物之遲延交付賠償責任，限於相當於對遲延交付的貨物所應支付費用 2.5 倍的數額，但不得超過按照海上貨物運送契約所應支付的運費總額。

　　我國海商法對於運送人之賠償責任限額規定，依照第七十條第二項規定，運送人或船舶所有人對於貨物之毀損滅

失，其賠償責任，以每件特別提款權 666.67 單位或每公斤特別提款權 2 單位計算所得之金額，兩者較高者爲限。

　　建議日後海商法修正時，對於海商法第七十條第二項規定修正爲：「運送人或船舶所有人對於貨物之毀損滅失，其賠償責任，以每件特別提款權 875 單位或每公斤（淨重）特別提款權 3 單位計算所得之金額，兩者較高者爲限。」

　　四、有關運送人之免責事由規定，「海牙規則」與「威士比規則」對於運送人可主張之免責事由：（一）第四條第二項列舉 17 項免責事由之規定外；（二）對於任何非因託運人、託運人的代理人或其受僱人的行爲之過失或疏忽所引起的滅失或損壞；（三）爲救助或企圖救助海上人命或財產而發生的偏航，或任何合理偏航，所引起的貨物任何滅失或毀損；（四）故意謊報貨物性質或價值；（五）事先不知性質而裝載的具有易燃、爆炸或危險性的貨物之任何滅失或毀損。

　　「漢堡規則」對於運送人可主張之免責事由：（一）運送人能證明本人、或其受雇人、代理人爲避免該事件之發生，及其後果曾採取可能合理要求的一切措施者；（二）因火災而引致的貨物的毀損、滅失或遲延交付；（三）活的動物，運送人對於此類運送固有的任何特別危險所引起的毀損、滅失或遲延交付；（四）因救助海上人命的措施或救助海上財產的合理措施而引起的毀損、滅失或遲延交付。

　　「鹿特丹規則」對於運送人可主張之免責事由：（一）第十七條第三項列舉 15 項免責事由之規定；（二）偏航；（三）合法甲板運送或者甲板運送符合運送契約或者相關行業的習

慣、慣例者；（四）活動物，雖有第 79 條的規定，但在不影響第 80 條的情況下，運送契約可以排除或者限制賠償責任。

我國海商法對於運送人可主張之免責事由：（一）第六十九條列舉 17 項免責事由之規定；（二）海商法第七十條第一項規定，託運人故意虛報貨物之性質或價值；（三）海商法第七十一條規定，為救助或意圖救助海上人命、財產，或因其他正當理由偏航者；（四）海商法第七十二條規定，貨物未經船長或運送人之同意而裝載；（五）海商法第七十三條但書規定，甲板運送經託運人之同意並載明於運送契約或航運種類或商業習慣所許者。

建議日後海商法修正運送人免責事由規定時，相關條文修正如下：

（一）海商法第六十九條規定修正為：

「因下列事由所發生之毀損或滅失，運送人或船舶所有人不負賠償責任：

一、船長、海員、引水人或運送人之受僱人，於航行或管理船舶之行為而有過失。

二、海上或航路上之危險、災難或意外事故。

三、火災、天災。

四、戰爭、敵對行動、武裝衝突、海盜、恐怖活動、暴亂和民變。

五、約定貨物之裝載、搬移、堆存、或卸貨由託運人、單證託運人或受貨人履行。

六、有權力者之拘捕、扣留、限制或依司法程序之扣押。

七、檢疫限制。

八、罷工、關廠、停工或其他勞動事故。

九、救助或意圖救助海上人命或財產。

十、包裝不固或標誌不足、不符。

十一、避免或者意圖避免對環境造成危害的合理措施。

十二、因貨物之固有瑕疵、品質或特性所致之耗損或其他毀損滅失。

十三、貨物所有人、託運人、單證託運人、控制人或其代理人、代表人及其他任何人之行為或不行為。

十四、船舶雖經注意仍不能發現之隱有瑕疵。

十五、為避免人身、財物或環境形成真實危險或共同海損之財產犧牲。

十六、其他非因運送人或船舶所有人本人之故意或過失及非因其代理人、受僱人之過失所致者。」

（二）增列第七十三條之一規定：

「運送人對於運送活的動物因其固有的任何特別危險所引起的毀損、滅失或遲到不負賠償責任。但運送人能證明他已遵守託運人所給與的任何特別指示，而且按照實際情況，毀損、滅失或遲到可以歸責於此種危險時，除經證明毀損、滅失或遲到之全部或一部是由於運送人、或其受僱人、代理人的故意或過失所造成外，應即推定毀損、滅失或遲到是由於此種危險所引致。」

柒、結　論

一、運送人責任期間的變化

　　「鹿特丹規則」規定承運人責任期間適用於運送人在船邊交接貨物、港口交接貨物、港外交接貨物或者「門至門」運輸。與「海牙規則」、「威士比規則」、「漢堡規則」和我國「海商法」規定之責任期間相比，擴大了運送人的責任期間。因此，一方面將有利於航運業務尤其是國際貨物多式聯運業務的開展，但同時在一定程度上將增加運送人的責任。

二、運送人最低限度責任與免責的變化

　　運送人最低限度責任規定，在海上貨物運送契約法律中始終處於重要地位，是船貨雙方最為關注的條款。與現存法律制度比較，主要有以下變化：

　　1.採用運送人完全過失責任，此高於「海牙規則」、「威士比規則」和我國「海商法」的不完全過失責任，而與「漢

堡規則」承運人責任原則相同。

　　2.廢除運送人「航海過失」免責、「火災過失」免責之規定。

　　3.運送人謹慎處理使船舶適航性的維持義務擴展至整個航程期間。

三、運送人賠償責任限制提高

　　「鹿特丹規則」規定承運人對貨物的滅失或毀損的賠償限額為每件或者每一其他貨運單位 875 個特別提款權，比我國「海商法」、「威士比規則」之 666.67 特別提款權提高 31%，比「漢堡規則」之 835 特別提款權提高 5%；另外，貨物淨重每公斤賠償 3 個特別提款權，比「威士比規則」規定的 2 個特別提款權提高了 50%，比「漢堡規則」、我國「海商法」2.5 個特別提款權提高了 20%。

　　展望未來，進入 21 世紀的國際貿易和航運，與 20 世紀初「海牙規則」所產生的時代相比較，不論是船貨各方的力量對比，還是國際貨物的運送方式，都要求產生新的國際公約，以適應這種新的形勢。

　　它最引人注目的地方就是提高了海事企業的賠償責任限額，並擴大了適用範圍，使港口營運商歷史性首次需要遵守國際海運強制性公約。該公約一旦生效，將會對船東、港口營運商等相關各方帶來重大影響。

　　將來無論「鹿特丹規則」生效與否，對於國際航運立法的影響將是深遠的。它不僅直接影響海上貨物運送法律，也將影響船舶和貨物保險、共同海損制度以及銀行業和港口經營人。

　　可以預見的是，「鹿特丹規則」與我國「海商法」及現在國際上普遍採用的「海牙規則」、「威士比規則」相比較，對運送人責任制度的規定有很大的變化，擴大了承運人責任期間，改變了承運人的最低限度責任規定，部分取消了傳統的運送人免責事項，提高了運送人責任限額。如果規則生效，將加重運送人的責任，可以預見其對航運業及保險業將會帶來重大影響，尤其是對一些經營船齡較大、管理水準不高的中小航運企業帶來的衝擊。

　　雖然國際社會對「鹿特丹規則」前景，即是否能夠生效？主要航運和貿易國家是否能夠批准加入？是否能夠在國際上發揮重要作用？存在著不同看法，但毋庸置疑的是，「鹿特丹規則」必將引發國際海上貨物運送的一場立法革命。該公約一旦生效，將會對船東、港口營運商、貨主等各個國際海上貨物運送相關行業帶來重大影響；也將會對船舶及貨物保險、共同海損制度等帶來影響。然而，該公約即使未能生效，因其代表最新的國際立法趨勢，其有關規定也將透過內國法話化之途徑，對國際海上貨物運送產生一定的影響。因此，我國亟需及早修法以為因應。

參考文獻

一、書　籍

1. 彭銘淵，航運行政事務法制管理體系架構之解析與評論，五南圖書出版公司，初版（2008）。
2. 梁宇賢，海商法精義，作者自版，修訂版（2008）。
3. 賴來焜，最新海商法論，元照出版有限公司，初版第二刷（2008）。
4. 吳光平，海商法與海事國際私法研究，台灣財產法暨經濟法研究協會，初版（2007）。
5. 張新平，海商法，五南圖書出版公司，第二版四刷（2007）。
6. 劉宗榮，新海商法，三民書局，初版（2007）。
7. 柯澤東，海商法－新世紀幾何觀海商法學，元照出版公司，初版第一刷（2006）。
8. 楊思莉，海商暨保險學術研討會論文集，輔仁大學，初版（2006）。
9. 邱錦添、王肖卿，海上貨物索賠之理論與實務，文史哲出版社，初版（2005）。
10. 林群弼，海商法論，三民書局，修訂二版（2004）。

11.孫森焱，民法債編總論，三民書局，修訂版，頁 606-609（2004）。

12.王澤鑑，侵權行為法（一），三民書局，初版，頁 88-89（2003）。

13.柯澤東，最新海商法－貨物運送責任篇，元照出版，初版（2001）。

14.王肖卿，載貨證券，五南圖書出版公司，四版一刷（2001）。

15.柯澤東，海商法修訂新論，元照出版公司，初版（2000）。

16.楊仁壽，海牙威士比規則，自版印行，初版（2000）。

17.楊仁壽，最新海商法論，作者自版，初版（1999）。

18.楊仁壽，載貨證券，作者自印，第二版（1998）。

19.張特生，海商法實務問題專論，五南圖書出版公司，初版（1998）。

20.楊仁壽，海商法修正評釋，作者自版，初版（1997）。

21.張新平，海商法專題研究，月旦出版社股份有限公司，初版（1995）。

22.柯澤東，海商法論，作者自版，第二版第二刷（1994）。

23.施智謀，海商法專題研究，三民書局，初版（1992）。

24.楊仁壽，海上貨物索賠，作者自印，初版（1987）

25.張天欽，海上貨物運送法修正專論，航貿圖書出版社，初版（1986）。

二、期刊論文

1.王肖卿，海牙威士比、漢堡規則及鹿特丹規則之比較分析，2010。

2.黃正宗，我國海商法評論 —— 以「2008鹿特丹規則」及其他相關國際公約為中心討論我國海商法之適用與海上貨物公共運送法律規範[Commentary on the ROC Maritime Law]，稻江科技暨管理學院財經法律學系2009-2009學術論文集，2009。

3.黃正宗，二○○八年聯合國全程或部分海上國際貨物運送契約公約（鹿特丹規則 The Rotterdam Rules）研究-以我國海商法未來因應本公約可能之趨勢發展研究為中心，2009數位科技與公共事務發展學術研討會，2009。

4.童裕民、鄭孟涵，兩岸海上貨物運送責任與鹿特丹規則新規範之影響，台商張老師月刊，第130期（2009）

5.楊仁壽，聯合國統一運送法公約之成立
http:www.shippingdigest.com.tw/news/9821A1.htm，2009。

6.饒瑞正，海上貨物運送人單位限責權之失卻：Breaking the Package Limit－簡評最高法院五九年台上字第一一六四號判決，臺灣本土法學雜誌，第九十期（2007）。

7.康復明，多式聯運國際新趨勢與海峽兩岸適用，法官協會雜誌，第八卷第一期（2006）。

8.黃裕凱，海上貨物運送「一年起訴時效」之性質及「時效延長」之效力，月旦民商法雜誌，第十期（2005）。

9.黃裕凱，論「喜馬拉雅條款」及「次契約條款」，輔仁法學，第二十八卷（2004）。

10.林一山，運送人之確定以及貨櫃場位於基隆港區外所產生之法律問題 ── 評台北地方法院八十九年度海商字第三一號判決，月旦法學雜誌，第一一〇期（2004）。

11.張新平，海商法學習上的訣竅，月旦法學教室，第二十五期（2004）。

12.饒瑞正，我國多式聯運法制之研究與建議，月旦法學雜誌，第八十三期（2002）。

13.柯澤東，新海商法溯源 ── 實體統一國際公約對我國海商法修正之影響，月旦法學雜誌，第六十期（2000）。

14.張新平，海商法的現在與未來 ── 由一讀通過之海商法修正草案探討海運實務新趨勢，政大法學評論，第五十七期（1997）。

15.王敏華、鍾政棋，海上貨物運送人履行輔助人之責任及義務 ── 論海商法第七十六條之規定，航運季刊，第十一卷第三期（1992）。

16.楊仁壽，論海牙規則對我國海商法之影響，法令月刊，第三五卷第六期（1984）。

三、博碩士論文

1.廖尉佐，國際多式聯運之認定及其賠償責任研究，台灣海洋大學海洋法律研究所碩士論文（2009）。

2.簡泰宇,國際貨物運送法制之過去與未來(聯合國國際新運送法公約)── 以責任制度爲中心,台北大學法律研究所碩士論文(2009)。

3.賴奎翰,UNCITRAL 海上貨物運送人責任之新制度,海洋大學海洋法律研究所碩士論文(2009)。

4.鄭世瑋,多式運送之結構與特徵 ── 以新聯合國海上貨物運送公約草案爲中心,台灣海學海洋法律研究所(2008)。

5.王瀞珮,以載貨證券爲中心之海上貨物索賠研究,海洋大學海洋法律研究所碩士論文(2008)。

6.莊建平,「UNCITRAL 全部或一部爲海運之國際貨物運送公約草案之研究」,政治大學法律研究所碩士論文(2007)。

7.王世豪,兩岸海上貨損理賠與保險公證之研究,海洋大學海洋法律研究所碩士論文(2007)。

8.伍泰安,海上貨物運送人之強制責任期間之研究,台灣海洋大學海洋法律研究所碩士論文(2006)。